4·16구술증언록 단원고 2학년 6반 제1권

그날을 말하다

동영 아빠 김재만

4·16구술증언록 단원고 2학년 6반 제1권

그날을 말하다

동영 아빠 김재만

4·16기억저장소 기획 편집
(사) 4·16세월호참사가족협의회 지원 협조

일러두기

1. 음절로 식별 가능한 소리를 들리는 대로 전사하는 것을 원칙으로 한다.

2. 의미를 파악하기 위해 추가 설명이 필요할 경우 [ ]로 표시한다.

3. 몸짓, 어조 등 비언어적 행위는 ( )로 표시한다.

4. 구술자가 말을 잇지 못해 말줄임표를 사용하는 경우 ……, …로 길고 짧음을 표시한다.

5. 비공개 영역은 〈비공개〉로 표시한다.

6. 비공개해야 하는 희생자 형제자매의 이름은 ○○, △△ 등의 도형기호로, 생존자의 이름은 A, B, C 등 알파벳 대문자로 표시한다.

7. 비공개해야 하는 제3자는 직분이나 소속, 성만 공개하고, 이름은 ××로 표시한다. 비공개해야 하는 숫자는 자릿수에 상관없이 □로 표시하며, 지명은 □□로 표시한다.

책머리에

 4·16기억저장소에서는 세월호 참사 5주기를 맞아 구술증언 수집 사업의 결과물 일부를 100권의 책으로 발간하게 되었습니다. 이 사업은 2015년 6월부터 다양한 학문 분야 구술 연구자들의 자발적인 참여로 진행되어 왔으며, 세월호 참사를 좀 더 정확하고 다각적으로 기록하고 기억하고자 하는 노력의 일환으로 수행되었습니다.

 2014년 참사 발생 이후, 참사 피해자들의 목격담과 경험은 안타깝게도 공식적인 국가기관과 언론의 기록 속에서 철저히 소외되거나 왜곡되었습니다. 그것은 세월호 참사가 우리에게 안긴 죽음과 고통의 충격만큼이나 우리 사회의 끔찍한 비극이었습니다. 따라서 사업을 진행하면서 세월호 참사 희생자 가족, 생존자, 생존자 가족, 어민, 잠수사, 활동가, 기자 등등, 참사의 초기 과정을 직접 경험한 분들의 증언을 우선적으로 수집했습니다. 구술자는 이 사업의 취지와 방식에 개인적으로 동의한 분 중에서 선정했으며, 참여 과정에 어떠한 금전적 보상이나 이익이 제공되지 않았습니다. 또한 구술증언 수집 사업을 진행하는 동안, 면담자는 연구자이자 참사를 겪은 공동체 시민으로서 최대한 윤리적이고자 노력했습니다.

구술자마다 매회 약 2시간씩 3회를 원칙으로 음성 녹취와 영상 촬영을 하는 방식으로 진행되었고, 증언의 일관성을 확보하기 위해 면담자는 큰 틀에서 공통 질문지를 사용했습니다. 공통 질문지의 내용은 참사와 구술자 간의 관계성에 따라 차이가 있지만, 유가족 구술의 경우 1회차 '참사 이전의 삶, 팽목항과 진도에서의 경험, 자녀에 대한 기억'을, 2회차 '참사 이후 투쟁과 공동체 활동 경험'을, 3회차 '참사 이후 개인 및 가족이 경험한 삶의 변화와 깨달음, 자녀의 현재적 의미'를 중심으로 했습니다. 이처럼 증언 내용은 참사 이전에서 시작해 참사 발생 당시의 경험과 이후의 변화 과정까지 폭넓게 수집했고, 면담자는 구술 채록 과정에서 구술자의 발화를 최대한 존중하고자 했으며, 무엇보다 각자의 특수한 경험과 다른 시각을 충실히 반영하고자 했습니다.

이 구술증언록의 발간을 위해, 채록된 음성 자료는 문서로 변환해 구술자와 함께 검토했고, 현재 시점에서 공개할 수 있는 영역과 할 수 없는 영역으로 구별했습니다. 따라서 책에 실린 내용은 모두 구술자로부터 공개를 허락받은 부분입니다. 비공개 영역은 추후 구술자의 동의를 받아 적절한 절차를 거쳐 추가로 공개될 수 있으리라 생각합니다.

이 구술증언록 100권에는 그동안 우리 사회에 왜곡되어 알려지거나 잘 알려지지 않았던, 참사 발생 직후 팽목항과 진도 혹은 바다에서의 초기 상황에 관한 중요한 증언이 포함되어 있습니다. 또한, 자녀를 잃는 잔인하고 애통한 상황을 겪으면서도 그 누구보다 강인한 정치적 주체로 성장할 수밖에 없었던 유가족의 마음과 경험을 구체적으로, 그리고 여러 각도에서 살펴볼 수 있습니다. 그외에도, 이 구술증언록은 2014년을 전후한 한국 사회의 여러 측면을 드러내는 귀중한 자료가 되리라고 생각합니다. 무엇보다 국내외의 많은 분이 이 책을 읽어, 장차 세월호 참사의 진상 규명과 역사 서술에 기여할 수 있기를 바랍니다.

구술증언 수집 사업이 진행되고, 책으로 출간되기까지 많은 분의 도움과 지지가 있었습니다. 이 지면을 빌려 부족하나마 감사의 말씀을 전하고자 합니다.

먼저 (사)4·16세월호참사가족협의회와 4·16기억저장소에 감사를 드립니다. 이분들의 신뢰와 적극적인 협조가 없었다면, 이 사업은 처음부터 시작할 수조차 없었을 것입니다. 또한 어려운 정치 환경 속에서도 사업의 취지에 공감해 재정 지원을 결정해 준 아름다운가게와 역사문제연구소에 감사드립니다. 두 단체 덕분에, 이 사업을 4년 동안 계속해 올 수 있었습니다. 그리고 구술증언록 100권의 발간에 동의하고, 바쁜 일정에도 출판 실무를 기꺼이 맡아주신 한울엠플러스(주)에도 감사를 드립니다. 이 외에도 많은 개인과 단체가 직간접적으로 많은 도움을 주시고 격려해 주셨습니다. 여기에 모두 밝히지 못하는 것을 죄송하게 생각합니다.

말할 필요도 없이, 가장 크고 또 가슴 아픈 감사는 구술자 한 분 한 분께 드리고자 합니다. 이 책이 발간될 수 있었던 것은, 무엇보다 용기를 내어 아픔과 고통의 기억을 다시 떠올리고 장시간 진심으로 이야기를 해주신 구술자가 있었기 때문입니다. 오랜 시간 이야기를 나누며 함께 공감하기도 했지만, 그 아픔과 고통을 어떻게 가늠할 수 있을까 싶습니다. 더 큰 도움이 되지 못함을 안타까워하며, 이 구술증언록 100권의 발간이 피해자분들에게 조금이라도 위로가 될 수 있기를 기원합니다.

4·16기억저장소 구술팀 책임자
서울대학교 인류학과 교수 이현정

차례

■ 2회차 ■

동영 아빠 김재만

구술자 김재만은 단원고 2학년 6반 고 김동영의 아빠다. 친구와 선생님들에게 인기가 많았던 동영이는 취업 체력 검사를 앞둔 아빠를 위해 초시계를 재고 함께 달리며 같이 준비해주던 세심한 아들이기도 했다. 아빠는 합격의 기쁨을 함께 나누지 못하고 하늘나라로 떠나고 만 동영이를 그리워하며, 고된 직장생활에도 불구하고 진상 규명을 위해 진도, 안산, 서울을 가리지 않고 온 힘을 다해 뛰고 또 뛴다.

김재만의 구술 면담은 2015년 9월 14일, 17일, 2회에 걸쳐 총 2시간 50분 동안 진행되었다. 면담자는 손동유, 촬영자는 김혜원이었다.

구술자 본인의 프라이버시나 제3자의 프라이버시를 보호해야 할 부분을 제외하고는 구술자의 발화를 있는 그대로 전사했다.

1회차

2015년 9월 14일

1
시작 인사말

면담자　　　본 구술증언은 4·16 사건에 대한 참여자들의 경험과 기억을 기록으로 남김으로써 이후 진상 규명 및 역사 기술에 기여하고자 합니다. 지금부터 김재만 씨의 증언을 시작하겠습니다. 오늘은 2015년 9월 14일이며, 장소는 안산시 단원구 양지지역자활센터입니다. 면담자는 손동유이며, 촬영자는 김혜원입니다.

2
구술 참여 동기 및 근황

면담자　　　이렇게 어려운 시간 내주셔서 정말 감사합니다. 미리 소개해 드린 대로 처음에는 아버님께서 어떤 삶의 내력이 있으신지 아버님에 대해서도 여쭤보겠습니다. 그리고 동영이 낳아서 키우던 말씀도 여쭤보고, 가족분들 말씀도 여쭤보고, 오늘은 그렇게 질문을 드리겠습니다.

동영 아빠　　　예.

면담자　　　먼저 구술에 응하시게 된 동기랄까, 구술을 하시려는 마음은 어떤 마음이신지 말씀해 주십시오.

동영 아빠　　　솔직히 다른 뜻은 없고. 저희가 2014년 4월 16일 참사로 인해서 뜻하지 않은, 진짜 청천벽력 같은 소식을 듣고, 우리나라가 발전했음에도 불구하고 제대로 정부에서 거기에 대해 취하지 못한 행동들에 대해서 다 소상히 밝히고 진실을 밝혀야 되겠다는 뜻에서 응하게 됐습니다.

면담자　　　네. 감사합니다. 저희도 같은 마음으로 말씀을 여쭙게 된 겁니다. 아버님 하시는 일, 오늘도 4시에 막 퇴근하고 씻고 달려와 주셨는데요, 하시는 일도 좀 소개해 주십시오.

동영 아빠　　　현재는 안산시 단원구청 소속으로 환경위생과의 환경미화원으로 일하고 있습니다. 전에는, 이 일을 제일 많이 했습니다마는 군대생활을 좀 많이 해서 한 7년 하고 나와서, 중사로 제대해서 처음에는 해태음료 좀 다녔고, 보험회사도 한 1년 다녀봤고…. 그 뒤로 이제 이삿짐을 좀 하게 됐었어요. 그때만 해도 IMF 전이라 시절이 참 좋았지요. 그런데 IMF 이후로 그것도 어려워져 가지고 그만두고 이제 월 100여만 원 받으면서 가구 일을 하게 됐었지요.

면담자　　　가구요?

동영 아빠　　　예. 계속 쭉 한 10년 넘게 가구 일 하다가 그것도 또 경기 타가지고 안 되니까는 분식집을 하나 조그마하게 내가지고 한 5년 동안 하고 있었지요. 그러다가 인제 참사를 맞게 됐지요.

면담자　　　그러셨어요? (동영 아빠 : 예) 그러면 지금 환경미화 일은 언제부터 시작하신 거예요?

동영 아빠　　　원래는 작년 7월부터 했어야 되는데, 우리 동기들이

7월 달부터 일을 시작했는데, 저희는[세월호 유가족 중에는] 이제 두 명 있거든요. 온유 아빠하고 저하고 둘인데, 둘은 '어떻게 갑자기 일할 수 있겠나' 싶어서 시에서 배려를 해서 올 1월 달부터 했지요.

면담자   그러니까 미리 합격은 해놓으시고 참사를 맞게 되시니까 일 시작하는 걸 좀 뒤로 연기를 해준 거군요. (동영 아빠 : 예) 그런 일이 있으셨군요. 전에도 여러 가지 힘든 일도 하시고 그러셨다고 지금 소개해 주셨는데, 지금 하시는 일도 날씨도 타고 힘드시지요?

동영 아빠   뭐 "힘 안 든다" 하면 거짓말이고, 솔직히 저는 모든 [어떤] 일이든지 일에 대해서는 힘들거나 뭐 어렵다거나 그런 걸 느껴보지 못했습니다. 왜 그러냐면 '힘들다, 힘들다' 하면 더 힘들고, 그냥 마음 편하게 어차피 내가 해야 될 일이니까 하는 거고, 그래야 또 제 마음으로도 피로감도 덜 느끼고 스트레스도 덜 받고 하기 때문에 일은 그냥 아쉬운 대로 즐겁게 하고 있습니다.

3
안산 정착 과정과 삶의 내력

면담자   아버님, 여기 안산에는 언제부터 사시기 시작하셨어요?

동영 아빠   안산에 온 지가 2002년? 2002년에 왔습니다. 서울

사당동에 살다가.

면담자   2002년이면 벌써 10년 훌쩍 넘어서 13, 4년 이렇게
되네요. (동영 아빠 : 예) 그러면 동영이는 안산 오시기 전에 낳으셨
군요?

동영 아빠   그렇지요. 사당동에 살 때 낳았지요. 예, 강남성모병
원에서 낳았지요.

면담자   예. 사당동이니까 가까우셨겠군요. 아버님께서는 고
향이 어디세요?

동영 아빠   전남 진도입니다.

면담자   제가 다른 신문 자료를 봤는데 진도에 외사촌 형님
도 한 분 계시다고.

동영 아빠   저로서는 고종사촌이고 그쪽에서는 외사촌이고.

면담자   그렇게 되시는군요. 사촌 형님 한 분이 인터뷰하신
내용을 봤었습니다.

동영 아빠   근데 그 인터뷰해 가지고(웃음) 욕 많이 하더라고, 다
른 사람들 보니까. 그때 그 초기라 지역 경제 뭐 얘기하고 그랬기
때문에 그랬을 거예요, 아마.

면담자   네, 아이고, 그걸 뭐. 그러면 진도에서 나서, 죄송하
지만 몇 년생이신지요?

동영 아빠   63년 토끼띠입니다.

면담자   그렇게는 안 보이시는데(웃음), 이렇게 건강하셔서서 그런가 봐요.

동영 아빠   제가 한번 큰 우여곡절이 있었지요. 그때가 한 11년, 2년 됐는데 음주 때문에 그렇지요.

면담자   약주하시고 운전하셨어요?

동영 아빠   예, 운전하고 또 경찰하고 싸워가지고. 그 바람에 내 자신이 그렇게 되더라고요. 내가 왜 진짜, 차라리 그냥 조금만 더 참을 걸 그냥…. 그래 인제 수원구치소에서 한 40일 살다 나왔지요, 벌금은 안 내고. 그래서 저는 밖에서 일하면서 무슨 일 생길까 봐 집이나 뭐 차 같은 건 다 집사람 앞으로 해놨거든요. 그러니까 아무것도 제 앞으로는 없으니 벌금 안 내고 그냥 정신 차리라는 식으로 한 40일 살다 나왔지요.

면담자   큰일 날 뻔하셨어요.

동영 아빠   그 뒤로부터는 이제 절대….

면담자   아버님, 그러면 진도에는 몇 살까지 사셨어요?

동영 아빠   학교 졸업할 때까지 살았지요. 19살, 20살까지는 살았지요.

면담자   거기서 쭉 계셨군요. 그러면 진도에서 부모님들은 어떤 일을 하셨나요?

동영 아빠   농사일을 하셨지요.

면담자   어업은 안 하시고요?

동영 아빠   예. 우리는 바닷가 쪽은 아니고 따지면 내륙 쪽이라 할까.

면담자   그래서 농사를 지으셨군요. (동영 아빠 : 예) 진도가 참 좋지요? (동영 아빠 : 좋았지요) 그러면 학교 졸업하고 서울로 오신 건가요?

동영 아빠   예. 졸업하기 전에 서울 와서 자동차 정비 학원을 좀 다녔었지요.

면담자   기술 배우시려고요?

동영 아빠   예. 그래서 방학 때, 겨울방학 때 완도 미역 가공 공장 가가지고 돈 좀 벌어왔는데. (면담자 : 어디요?) 완도에, 신지도에서.

면담자   완도에서 더 들어가는 뎁니까?

동영 아빠   예, 배 타고 들어가지요. 명사십리 해수욕장 유명하지요, 그 동네.

면담자   거기 무슨 공장이라 그러셨지요?

동영 아빠   미역 가공 공장. 지금은 자동화 시스템이 많이 돼 있기 때문에 힘 안 드는데 그때는 엄청 힘들어요. 동네에서 형들하고 한 13명인가? 그렇게 하다가 저 혼자 남고 다 나왔습니다.

면담자	힘들어서 못 견디지요.
동영 아빠	예.
면담자	아버님이 그런 끈기가 있으시군요.
동영 아빠	학원비 벌어야 되니까 그렇지요(웃음).
면담자	어린 나이에. 그래서 학원은 어디서 다니셨어요?
동영 아빠	서울에서 다녔지요.

면담자 서울에서 자동차 정비 학원이요? (동영 아빠 : 예) 그래서 처음에는 자동차 정비를 좀 하셨었나요?

동영 아빠 했지요, 버스 회사 가가지고. 자격증은 못 땄고…. 내가 학원에서도 인정은 받았는데, 저는 학원을 그러니까 두 번을 다녔어요. 한 번은 공짜로 다니고 한 번은 돈 내고 다니고 그랬지요. 두 번째는 인제 후배 기수 가르치면서….

면담자 첫 번째 떨어진 거 이제 아쉬우니까 가르치면서 또 다니라는 거였고.

동영 아빠 예. 인제 좀 끈기가 있어야 되는데 어린 나이라 또 관두고 버스 회사 들어가서 정비 잠깐 하다가 나왔지요. 그러다가 군대를 가게 됐지요.

면담자 처음에 가실 때부터 직업군인으로 가셨나요? 아니면 가서서.

동영 아빠   병으로 갔다가 지원을 하게 됐지요.

면담자   그때만 하더라도 군생활 힘드셨을 텐데, 지금은 그
때에 비하면 많이 좋아졌다고들 그러는데요.

동영 아빠   그렇지요, 그때만 해도 뭐…. 그런데 저는 모르겠습
니다. 그러니까 군대생활을 그렇게 힘들다고 느껴보지는 않았어
요, 어차피 해야 되니까.

면담자   그러시니까 또 장기 복무를 하셨겠지요. (동영 아빠 :
예) 계신 곳은 어디였나요?

동영 아빠   병 때는 가평에 있는 66훈련단이라고 거기 있었고
요. 하사관 때는 광주서 교육받고 백골부대로 갔었지요, 3사단.

면담자   그러면 주로 장기 근무하실 때는 어떤 일을 주로 하
셨어요?

동영 아빠   포병, 이제 포반장 했지요. 포반장으로 있다가 진급
할 때 다 돼가지고 두 명은 떨어졌는데, 수색대로 갔었지요. 수색
대에서 인제 90년도에 전역했으니까 거기서 한 3년. 〈비공개〉

면담자   예, 그러셨군요. 아버님 형제분은 어떻게 되세요?

동영 아빠   우리가 4남매였어요. 위로 누님 한 분 계시고 그리고
저 밑으로 남동생 하나 있었는데 3년 전에 걔도 4월 달에 세상 떴
어요.

면담자   아이고…. 그리고 여동생 한 분 더 계시고.

동영 아빠   예, 막내 여동생, 나주에서 살고 있고. 누님도 여기 안산에서 지금 떡집 하고 있어요.

면담자   자주 뵈면서 지내시겠네요.

동영 아빠   그래도 안 가지요, 가까운 데 있어도. 가끔씩 뭐 필요하면 서로 시골서 어머니 뭐 푸성귀나 부쳐주면 나눠먹을 때 그때 가고, 이제 명절 때나 또 선물 주고받고 할 때나 가고.

면담자   살다 보면 뭐 그렇게 되지요. 고향에는 그럼 어머님, 아버님 다 계시나 보죠?

동영 아빠   아니, 아버님도 96년에 작고하셨고 어머니만 계시지요.

면담자   어머님은 그럼 혼자 계세요? (동영 아빠 : 예) 농사 조그맣게 하시면서.

동영 아빠   인제 농사도 저기가[양이] 좀 됐었는데[많았는데] 지금은 다 인제 남 주고.

면담자   그러시군요, 어머님 혼자…. 그래도 또 계시니까 그래도 낫지요, 뭐. (동영 아빠 : 그렇지요) 그래서 그때 군에서 제대하시고는 어디에 정착하셨어요?

동영 아빠   서울에서 살았지요, 구로동 쪽에서. 거기서 문래동으로 출퇴근했지요.

면담자   문래동에 직장 다니셨네요.

동영 아빠　　　해태음료.

면담자　　　해태가 거기 있었군요.

동영 아빠　　　예, 거기 이제 영업소가 있어 가지고.

면담자　　　그때는 판매하는 일을 하셨나요?

동영 아빠　　　아니요. 그냥 배우면서 했으니까, 인제 주니어[junior]라고 뭐 상차 해주고 그랬었지요.

면담자　　　그렇게 직장일을 시작을 하셨군요. (동영 아빠 : 예) 직업군인 하시다가 제대하시면 취업하고 이런 거를 좀 알선해 주고 이런 건 없었나요?

동영 아빠　　　이게 우리나라가 불합리한 게 그런 것도 있습니다. 장교들은 그걸 많이 해주는데 하사관은 안 해줘요.

면담자　　　언뜻 들은 거 같아서 한번 여쭤봤어요.

동영 아빠　　　예, 하사관은 안 해주고…. 그게 어떻게 보면, 하사관들도 보면 장기적으로 그렇게 한 사람들은 그렇게 해줘야 되는데, 보통 한 10년, 7년, 저처럼 한 7년 정도, 10년 이상 하고 인제 전역한 분들은 정부에서도 그렇게 알선해 주고 해야 하는데…. 재향군인회나 그런 데서 다 해줘야 되는, 국방부에서도 그렇고 재향군인회에서 해줘야 하는데 전혀 그런 거는 없고 장교들만 좀 해주지요.

면담자　　　그럼 제대하시고 직접 알아보셔서 그 일을 찾으신 거군요? (동영 아빠 : 예) 그러면 그때가 한 30세 가까워질 즈음이겠네요.

동영 아빠   예, 28세 정도 됐으니까.

면담자   그렇게 일하시고 그럴 때는 서울에서 혼자 사셨어요?

동영 아빠   누님이랑 같이 살았었어요.

면담자   누님이 이미 올라오셨었고. (동영 아빠 : 예) 그러면 동영 어머님을 만나신 거는 언제쯤이서요?

동영 아빠   사당동에서 만났지요. 사당동에서 96년, 95년도에 만났나? 95년도에 만나가지고 96년도에 결혼을 했지요.

면담자   연애결혼 하신 거예요? (동영 아빠 : 예) 어떻게 하다 만나셨어요?

동영 아빠   (웃으며) 그래도 인연이 됐으니까 만났지. 저는 사당동 그쪽, 그쪽은 인제 남현동 쪽인데….

면담자   저 거기 알아요. 저도 거기 살았었어요(웃음).

동영 아빠   예. 3층에 사무실이 있었고, 1층에서 일을 하는 거 보고. 보니까 맏며느릿감으로 딱 봤는데, 살다 보니까 또 그게 아니네(웃음).

면담자   일하시다가 이웃 사무실에 있는 분하고 이렇게 만나게 되신 거군요.

4
동영이의 어린 시절 및 학창 시절

면담자   동영이 동생도 있다고 들었는데요.

동영 아빠   예, ○○이. 초지고 1학년이에요.

면담자   초지고 1학년. 그러면 2살 터울인가요?

동영 아빠   연년생이에요.

면담자   나이는 연년생이고 학년만 두 학년 차이 나네요.

동영 아빠   그렇지요. 동영이가 7살에 학교를 들어갔거든요.

면담자   그랬군요. 그럼 동영이는 거기서 정착하셔서 사당동에 계실 때 낳았고. (동영 아빠 : 예) ○○이도 거기서 낳으셨겠네요?

동영 아빠   예. 그렇지요.

면담자   그렇군요. 동영이 아버님도 맏아들이신 데다가 동영이도 아들이어 갖고 가족분들이 되게 좋아하셨겠어요.

동영 아빠   집안의 종손이었지요.

면담자   종손이시기까지 하세요?

동영 아빠   예, 그런데 완전히…….

면담자   그때 많이들 좋아하셨지요?

동영 아빠   그렇지요. 형제들이 다 좋아했었지요. 저도, 형제들

보다 제가 솔직히 기분이 더 좋았지요(웃음).

면담자   그렇지요. 이름은 누가 지으셨어요, 동영이라고?

동영 아빠   이름은 동생이 지었어요. (면담자 : 남동생이?) 예. 동생이 아는, 뭐 같이 인제 절에서 만난 분하고 거기서 알아가지고 이름 세 개를 갖고 왔는데 '동영이가 낫겠다' [싶더라고요]. 우리 밑의 항렬이 '영' 자 돌림이라, 그래서 인제 그렇게 지었지요. 가운데가 '영' 자 돌림인데….

면담자   동영이는 어렸을 때 어땠어요? 모두가 자기 자식은 신통한 게 하나씩들 있고 그렇잖아요. 동영이 어린 시절에 기억나는 게 어떤 대목들이 좀 있으신가요?

동영 아빠   제가 실은 어릴 때, 걔들 어릴 때는 너무 바삐 사느라고 별로 그렇게 같이 못 해줬어요. 그런데 똘똘하고 [했는데 특별히] 제일 기억에 남는 건 다른 게 없네요. 한 번 잃어버렸다가 찾았어요, 네 살 때인가. 우연찮게 동영이 엄마는, 처고모네가 그 근방에 사셨어요. 그러다 거기 간다고 "갔다 올게, 친구들하고 놀고 있어" 했는데, 친구들하고 헤어지고 나니까 애가 혼자 있으니까, 거기를 걸어서 자주 왔다 갔다 했더니만 그길로 [처고모네로] 간 거예요. 그길로 갔는데 어떤 할아버님이 지나가시다가 길을 잃어버린 줄 알고 신고를 한 거예요. 내가 파출소 가가지고 그래서 찾았는데. 근데 발음이 좀 어둔하니까, 전화번호가 그때 몇 번이었지? 사당동에 살 때, '4' 자 발음이 잘 안돼가지고 헷갈린 거예요, 파출소에서. 주소하고 아버지 이름, 뭐 전화번호 다 하는데, 엄마 이름하고 '4' 발음을 잘 못 들었는가 봐요, 경찰들이.

면담자 애기 발음이니까.

동영 아빠 예. 그래서 어떻게 찾기는 찾았지요.

면담자 그래도 어린 나이에 다 외우고 있었나 봐요, 아빠, 엄마 이름, 주소, 전화번호. 똑똑하네요.

동영 아빠 저보다는 머리가 좋은 것 같더라고요(웃음). 초등학교 다니면서도 피아노도 좀 배우고, 미술도 좀 배우고, 태권도를 배우라니까 "태권도는 안 가겠다" 하고. 한 번씩 음악 같은 거 하면 안 보고 한 번만 가르쳐주면 다 잘했었어요.

면담자 어렸을 때는 아빠나 엄마한테 좀 조르기도 하고 그랬겠지요?

동영 아빠 그렇지요, 떼도 쓰고 뭐 그렇지요. 그러다가 회초리 한 번씩 맞고 뭐.

면담자 회초리 드신 적도 있으세요?

동영 아빠 그렇지요. 제 기억, 모르겠어요, 제 기억으로는 한두 번, 두 번밖에 안 건드렸어요.

면담자 왜 그러셨는지도 생각나세요? 버릇 나빠질까 봐 그러셨겠지요, 뭐.

동영 아빠 그렇지요, 말을 했는데 안 하고 그러니까. 그래도 인제 크면서는, 저희들이 클 때는 부모님들한테 좀 보수적인 그런 게 있었잖아요. 억압받고 컸는데 그게 기억나서 '절대 애들은 그렇게는 안 키워야 되겠다', 좀 자유분방하게 그렇게 키웠지요, 인제 크면서는. 어릴 때만 딱 두 번 그러고.

면담자 집집마다 다르겠지만 저희들 자라면서는 집이나 학교에서 많이 맞았지 않습니까?

동영 아빠 아이고, 많이 맞았지요. 초등학교 때도 그렇고 중학교 때도 그렇고.

면담자 그럼요. 학교에서는 뭐 매일 매타작 소리가(웃음).

동영 아빠 오히려 고등학교 때는 덜 맞은 거 같아요.

면담자 동영이가 동생과 연년생이라고 그러셨잖아요. ○○이하고 연년생이면 많이 다퉜을 것 같기도 하고, 아니면 또 여동생이라 챙겨줬을 것 같기도 하고. 좀 어땠나요?

동영 아빠 그렇지요. 자기들 둘이 있을 때는 서로 의지하면서 많이 자랐지요. 왜냐하면 저도 멀리 일 나갈 때 있고, 얘네 엄마도 일 나가면 둘이 있을 때는 둘이 서로 의지를 상당히 많이 했어요.

면담자 어머니도 계속 일을 하셨나요?

동영 아빠 예, 일을 했었지요. 같이 벌었었지요.

면담자 아버님하고 나이 차이가?

동영 아빠　　　3살 차입니다.

면담자　　　그래서 엄마, 아빠 일하시고 그럴 때는 둘이서 아주 의지하고 잘 지내는 그런 사이였군요, 동생도 오빠 잘 따르고.

동영 아빠　　　○○이가 조금 고집을 피웠지요(웃음).

면담자　　　그러면 아이들 몇 살 때 안산으로 오시게 된 거지요?

동영 아빠　　　동영이가 안산 와서 저기 원곡동 서초등학교의 병설 유치원을 다녔으니까. 그때가 몇 살인가? 5살, 6살 그 정도 되는 것 같은데.

면담자　　　그러니까 초등학교는 여기 안산 와서 입학을 했겠군요. (동영 아빠 : 예) 동영이가 97년생이지요?

동영 아빠　　　아니. 98년생이지요.

면담자　　　그렇지요. 7살에 들어갔다고 하니까.

동영 아빠　　　7살에 와동으로 이사 와가지고 원곡동에 있다가 여기서 와동초등학교에 1학년 때부터 다녔으니까.

면담자　　　보통 아이들 학교 다니는 것처럼, 학교도 가고 학원도 가고 뭐 이렇게 그냥 일반적으로 지냈나요? 아니면 동영이만의 특별한 취미 같은 것도 있고 그랬나요?

동영 아빠　　　그런 때야 애들 어릴 때는 다 그런 거, 장난감 좋아하고 뭐 차, 비행기 그런 것 좋아하고. 벌레를 좋아했어요, 또.

면담자　　　곤충이요?

동영 아빠　　에. 그래서 집에 안 키우는 것들, 햄스터, 병아리 뭐 키우다 죽이고, 자라, 금붕어 하여튼 그런 거. 그런데 오히려 그런 게, 해놓은 게 애들이 정서적으로 좀 괜찮더라고요. 지렁이도 집에 갖고 와서 지 손바닥에 놓고, 굼벵이 같은 것도 그러고.

면담자　　　그러면 자기가 잡아 오는 것도 있었겠네요?

동영 아빠　　에. 그래서 '이 새끼가 뭐가 되려고 저렇게 징그러운 거 좋아하나?' [하고 생각했어요]. 우리도 솔직히 그러잖아요, 그런데 그런 걸 갖고 놀더라고요.

면담자　　　여동생은 질색할 텐데.

동영 아빠　　그렇지요. 소스라쳐요. 갖고 놀다가 또 버리고.

면담자　　　특이하네요, 그렇게 곤충을 좋아했다니.

동영 아빠　　에, 그랬었지요.

면담자　　　그것도 하나도 아니고 여러 종류를 어떻게, 그런 취향은 언제까지 있었나요?

동영 아빠　　그게 초등학교 2학년, 그때까지는 그런 거 같아요.

면담자　　　동영이 방 사진 보고 그러면 기타도 이렇게 있고 그렇던데요. 나중에는 기타도 배우고 그랬나 보죠?

동영 아빠　　지가 처음에 기타 사달라고 [해서] "기타를 어떻게 배

31

우려 그러냐?" [하고 물어본 다음] 일단은 싼 걸로 하나를 사줬지요. 사줬는데 인제 친구들하고 같이 조금 배우고, 컴퓨터로 지가 다 하더라고요. 컴퓨터로 배워가지고 지 또 친구들 가르쳐주고 그랬었어요. 음악적인 좀 그런 게, 좀 그런 것도 있는 거 같더라고요. 취미로 하니까 "그냥 해라" 그러고. 나중에는 "기타 이거 안 좋다"고 그러면서 또 뭔가 약속을 한 가지 했어요. 아, 고등학교 들어왔구나. 고등학교 1학년 때 들어와서 "공부 더 할 테니까 기타 한 대 더 사주라"고 그래 가지고 조금 좋은 걸로 사줬지요.

면담자   자기가 인제 성적 올리겠다고 약속하고 기타 하나 사달라고 했군요. 그런 부탁을 할 때는 주로 엄마한테 얘기하나요? 아빠한테 얘기하나요?

동영 아빠   같이 얘기를 하지요.

면담자   같이 집에 계실 때. (동영 아빠 : 예) 아빠라 그랬어요? 아버지라 그랬어요?

동영 아빠   아빠라 그랬지요. 어쩔 때는 기분 좋을 때는 "아빠"라 그랬다가 어쩔 때는 좀 농담하고 좀 뭐할 때는 "아버지"라고 했다가.

면담자   열심히 일을 하시는 편이어서 이렇게 여가생활을 아이들하고 지내셨는지 모르겠는데요. 특별히 여행 갔다거나 이렇게 같이 놀았던 어떤 기억도 좀 있으세요?

동영 아빠   같이 놀기는 인제 시골 가서 노는 거밖에 없었지요,

휴가 때나 인제 그런 때 되면.

면담자　　　휴가 내서서 진도에 가가지고?

동영 아빠　　　예, 명절 때나. 한번은 1학년 때 한번 갔었나? 1학년 때인가 한번 가는데 진도 팽목항 바로 옆에 서망항 있잖아요. 거기가 해수욕장이 조그매요, 크지는 않고. 거기서 해수욕하다가 물속에서 2만 원 주워가지고 그걸로 냉면 먹은 기억.

면담자　　　누가 주웠어요?

동영 아빠　　　제가 하나 줍고, 내 동생이 하나 줍고(웃음). 참 희한하게 물속에서 만 원짜리가 이렇게 꼭 꽂혀 있더라고요.

면담자　　　누가 갖고 있다가 흘렸나 보네요. 그러면 동생분 가족하고 같이도 가시고 이러셨군요?

동영 아빠　　　예, 동생이 참 조카들한테는 잘 대해주고 그랬었어요.

면담자　　　동생분이 또 이름까지 지어줬으니 애틋했겠지요. 동영이가 학교 다닐 때 친구들하고는 어떻게 지냈었어요?

동영 아빠　　　진짜 생각지 않게 조그맸거든요.

면담자　　　체구는 작았어요?

동영 아빠　　　예, 조그매가지고. 그리고 인제 입학할 때도 너무 작아가지고 7살에 보내놓긴 보내났는데, "안 되면 내년에 다시 보내더라도 한번 보내보자"고 그랬더니 또 잘 다녀요. 그대로 쭉 계속

중학교, 고등학교 다 들어갔지요. 그리고 친구들하고는 잘 어울렸
어요. 왜 그러냐면 저만 하거나 저보다 작은 애들하고는 안 어울리
더라고요, 보니까. 그래 갖고 보면 머리 하나 차이 나요, 친구들이.
그래서 저는 그랬지요, "애들이, 같이 다녀도 너는 안 두드려 맞겠
구나, 다른 놈들한테". 걔 친구들이 키가 크고 덩치가 있으니까 안
맞을 거 아니에요(웃음). 그래서 뭐 와스타디움에 행사할 때 가서
뭐 하면, 친구들 뭐 쓴다고 하면, 그전에는 제가 화물차도 좀 끌고
다니고 그랬었는데, 차 갖고 와서 용돈도 주고 맛있는 거 사먹으라
고 그런 때가 몇 번 있었고. 김밥집 할 때는 친구들 와서 [같이 먹고
그랬어요]. 집을 팔았어요, 김밥집 한다고.

면담자   분식집 내시려고 살던 집을 파시고.

동영 아빠   예. 팔고 인제 조그만 전셋집 얻어갖고 갔는데, 집
안도 좁은데 친구들 대여섯 명 데리고 와가지고 [놀고 해서], "야, 너
희 친구들 중에 넓은 집 없어? 넓은 집에서 놀아야지, 왜 자꾸 [좁
은 데 와서 노냐]" 그러고, 또 올 때마다 그러면 "그래도 좋아요" 그
래요.

면담자   친구들이.

동영 아빠   예. 또 김밥에다 뭐에 해서 싸서 먹으라고 올려주고.

면담자   친구들도 종종 데리고 오고 그랬군요.

동영 아빠   자주 데려왔어요. 시험기간인데도 여러 명 모여서
무슨 공부를 한다고 뭐 먹으면서, 그냥 여러 명 우글우글 와서 공

부한다고. "야, 너희들 그래 갖고 공부되겠어?" 하니까 "더 잘되는데요" [해서] "거짓말 하지 마라" 그랬지요.

면담자   성적은 어땠어요?

동영 아빠   중학교 때까지는 좀 잘했어요. 2학년 때까지 잘하다가 3학년 올라가서 조금 그러고, 한 번 딱 오더라고요, 사춘기가. 틱틱거리고 이 새끼[가], 그래서는 "아, 사춘기 왔구나" [싶어서] 그대로 내버려 뒀어요. "너 이 새끼 왜 그래?" 그러면서, 한 번 딱 그러고 나서 그대로 놔뒀더니 자연적으로 그게.

면담자   좋아졌어요?

동영 아빠   예. 고등학교 들어가서도 인제 1학년 때도 17등까지 했을 거예요, 아마. 그래 가지고 인제 "2등까지 한다"고 그랬었거든요, 어차피 2학년부터는 공부[하려 했으니까]. 대학 들어가고 하기 때문에. 그걸 못 봤네, 내가.

5
단란하고 화목했던 가정

면담자   그래도 중간 이상은 했군요. (동영 아빠 : 예) 그리고 친구들하고도 잘 놀고 공부도 좀 상위권이고…. 잘 지냈네요, 동영이가.

동영 아빠   예. 잘 지냈지요.

면담자   집에 와서 "학교가 어때", "선생님이 어뗘서", 뭐 이
렇게 투덜거리는 건 없었어요?

동영 아빠   예, 그런 건 없었어요. 동영이가 그래도 남자 선생님
이나 여자 선생님들한테 인기가 좋았더라고요, 보니까. 저희들은
학교 한번 보내면 거의, 학교생활은 학교 선생님들하고 자기들의
관계를 유지해서 잘 해야지, 뭐 부모들이 [나서고 하지 않았어요]. 뭐
며칠 전에 [기사] 나온 것 보면 내가 진짜 부모들 부끄러운 행동이
라고 생각해요. 조금 그랬다고 그거 쫓아가서 선생님 먹살 잡고 그
러면 안 되지요, 귀빰 때리고. 부모들이 그러면 학생들이 뭘 배우
냐고요. 내가 그래서 그런 관계 쪽에서는 전혀 신경 안 썼어요. 가
끔 한 번씩 시험 감독 가서 한번 보고.

면담자   아버님이 시험 감독도 하셨군요. (동영 아빠 : 예) 아
이고 그게, 가신 게 어디십니까, 저는 그것도 아직 한 번 못 갔는데.

동영 아빠   총회 때 한 번씩 가서 보고.

면담자   그러셨군요. 그때 사시던 곳이 지금 단원고에서 가
까우셨나요?

동영 아빠   아니요, 지금 똑같아요, 그 자리에요.

면담자   지금 사시고 계신 곳이?

동영 아빠   [안산시 와동] 열녀문사거리 쪽.

면담자　　　일부러 시간 내서서 아버님이 가시고. 시험 감독 이런 게 있으면 어머님도 종종 가셨나요?

동영 아빠　　　잘 안 갔어요, 바쁘니까 저만 가고. 혼자 가게 맡겨 놓고 저만 가고.

면담자　　　오히려 학교 갈 일 있으면 아버님이 가시고. (동영 아빠 : 예) 그러셨군요. 그러면 아버님이 이렇게 돌이켜서 생각할 때 우리 동영이한테 "사회생활도 잘하고 학교생활도 잘하고 그러려면 이건 이래야 된다" 하고 특별히 강조해서 말씀하시던 게 어떤 것들이 있나요? 말씀 들어보니까 "공부해라, 공부해라", 이런 분은 아니신 거 같고.

동영 아빠　　　예, 그렇지요, 억지로 뭐 공부하라고 해서 되는 것도 아니고. 저는 그래서 자유분방하게 하면서 "성실하게 해라, 성실하게. 성실하고 똑똑하게", 뭐 열심히 한다 해서 [전부] 되는 것도 아니고 똑똑해야 되고. 왜냐면 저는 "사회나 그런 거에 대해서 여러 방면으로 좀 알면서 공부를 해라. 그럼 니 자신이 더 나아질 거다" 그런 쪽으로 많이 했지요.

면담자　　　꼭 학교 공부뿐만 아니라 사회도 좀 넓게 보면서 (동영 아빠 : 예) 친구들하고도 잘 지내라고 그러셨던 모양이에요?

동영 아빠　　　그렇지요. 어울리면서 그렇게 "진짜 친구 잘 사귀어야 된다"고 그랬지요.

면담자　　　요즘 친구들 집에 데려오는 애들이 많지 않잖아요.

동영 아빠　　　글쎄요, 모르겠어요. 다른 친구들은 어떤지 모르겠지만 하여튼 집에는 많이 데리고 왔어요.

면담자　　　혹시나 그렇게 같이 아주 친하게 지내던 친구들 중에 참사 이후에 사고를 면한 친구들도 있겠지요?

동영 아빠　　　그렇지요. 우리 반만 해도 같은 반이니까 그래도 25명이 희생됐으니까, 23명인가 21명인가 그렇게 생존했으니까[희생됐으니까]. 그리고 제일 친한 친구가 7반에 있었는데….

면담자　　　7반에요?

동영 아빠　　　예. A라고 걔가 진짜 친했어요. 〈비공개〉

면담자　　　근데 단원고 한 반 학생들이 한 30여 명 아니었나요? 제가 잘못 알고 있는지도 모르겠고요.

동영 아빠　　　우리 6반 애들이, 그러니까 희생당한 애들이 25명이에요.

면담자　　　생존한 아이들은?

동영 아빠　　　생존자가, 그러니까 [6반이 총] 35명인가 38명인가 그런 것 같던데 기억이 없네. [6반이] 총 38[명]이니까, [전체 생존 학생 수가] 한 70명 되니까 [6반의 경우, 희생된 아이들이 25명, 생존한 아이들이 13명이지].

면담자　　　친했던 아이들 중에 생존한 친구들이 아버님을 찾아오거나 이런 적은 없었나요?

동영 아빠 김제만

동영 아빠   예, 없었어요. 저희 앞집에 기초생활수급자, 정부에서 집 마련해 가지고 해놓잖아요. [저희 집] 앞에 와서, [동영이] 보내고 나서 며칠 안 됐는데 와서는, 자기 손주는 살았다고 와서 그러더라고, 저한테. 다행이라고 그 말만 하고 말았는데, 그때 "대부도 [안산 중소기업연수원]에다 [생존 학생들을] 모아놓고 교육 같은 거 시키고, 정신적으로 뭣하니까 그런 교육을 좀 시켰었어요" 그 말씀을 하시니까 영 기분이 안 좋더라고. 그래도 살아서 다행이라고 그러고만 말았지요. 그리고 아침에 가게 맞은편 쪽에 또 한 명 살았어요, 친한 애. 걔가 이름이 ××인데 걔는 다른 학교 다녔으니까 살았고. 걔랑 친하게 지내고 같이 강원도도 놀러 가고 그랬었는데, 친구 몇 명이랑 해서. 그때 차라리 갔다 오는 게 나았어요. 우리는 "가지 마라" 했거든, 물가에 가서 논다 그러기에 "이놈 새끼, 위험한 데 막 [가면 되겠냐]"고 했다가], 애가 수영을 잘 못해요, 동영이가. 그래서 그놈한테 "그래. 갔다 와라, 갔다 와" [하고] 저질렀지요, 그냥.

면담자   어디를 갔다 온 거예요, 강원도?

동영 아빠   강원도 철원, 저 군대생활 한 데 그 동네더라고 보니까, 김화라고. 그러니까 앞집의 ××이라는 애 외갓집이에요, 거기가.

면담자   김화읍이. (동영 아빠 : 예) 친구들하고 여행도 가고 그럴 정도면 되게 활달하고 친구들하고 잘 지냈군요.

동영 아빠　　　예, 잘 지냈지요.

면담자　　　　반장을 한다거나 이렇게 나서는 거는 안 했나요?

동영 아빠　　　음악선생님 얘기 듣기로는 조별로 해가지고 음악 뭐 프로그램이 있었는데 거기서 조장을 한 번 했다고 그러더라고. 반장 같은 건 안 했는가 봐요.

면담자　　　　예. 노래도 잘 했나요? 기타도 잘 치고.

동영 아빠　　　모르겠어요, 키는[치는] 거는. 어울리면서 어떻게 했는지 집에서는 조금 (기타 잡는 흉내를 내며) 키는 거 보니까 많이 늘었더라고요, 이게.

면담자　　　　듣기가 좋아지셨군요.

동영 아빠　　　예. 어릴 때는 제가 트로트를 많이 가르쳤지요(웃음). 노래방 가면 트로트 많이 부르고 그랬지요. 가족끼리 한 번씩 가서 놀고.

면담자　　　　네 식구만 노래방 가신 적도 있으세요?

동영 아빠　　　그렇지요. 예, 외식하고 나서 같이 갔지요. 자기들이 그래요, "오늘은 노래방 안 가나?" 그러면서. [그럼 제가] "그래. 가자" [하지요].

면담자　　　　엄마, 아빠하고 노래방도 가고. 아버님이 아이들한테 격의 없이 해주셨나 봐요.

동영 아빠   엄하게 할 때는 하고 못 할 때는 안 하고 그러지요. 너무 애들을 억압해서 키우면 안 되니까.

면담자   오빠가 참사에 그렇게 되고 나서 동생은 좀 어떤가요?

동영 아빠   걔도 마음이 상당히 안 좋았지요.

면담자   힘든 건 뭐 말로 할 수 없을 텐데.

동영 아빠   그런데 제가 진짜 그래서 한 번도 안 물어봤어요. "어떠니?" 하고 괜히 물어보면 뭐 할까 봐. 그래서 학교나 '온마음센터'나 교육프로그램 있으면 그런 데 가서 조금 뭐 하고. 지금까지 그 얘기는 한 번도 못 물어봤어요, 실은. 한번 물어보고 저렇게 해야 되는데 못 물어보겠더라고요.

면담자   평소에 지내시면서 넓게 사회를 보면서 공부도 하고 친구들하고도 잘 지내고 그러라고 동영이한테 가르치셨는데, 아버님 스스로도 세상 돌아가는 일이나 이런 데 관심을 많이 두고 계신 편인가요? 아니면 어떠신가요?

동영 아빠   그렇게 많이는 안 됐었지요. 그렇게 많이는 안 두고 그냥 뭐 저도 스포츠나 그런 쪽으로 많이 관심을 가졌었고, 뭐 정치나 다른 거에 대해서는 큰 관심은 안 됐어요.

6

참사 전후의 상황

면담자   작년에 4월 15일 날 아이들이 수학여행을 출발했
지요?

동영 아빠   그렇지요. 15일 날 수업하고 4시쯤에 차를 타고 갔
을 거예요, 버스를 타고.

면담자   수학여행 간다고 아이들은 들뜨잖아요. 그런 거 가
려면 뭐 이것저것 자기들 딴에는 준비하고 그랬을 텐데. 아빠, 엄
마한테 수학여행 간다고 "뭐 어떻게 해줘, 뭐 좀 도와줘", 이런 거
가 있었나요?

동영 아빠   뭐 캐리어 산다고 사달라고 그랬어요, 지네 엄마한
테. 그리고 수학여행 가서 [입을] 옷을 인터넷으로 주문을 했는데
이게 안 오는 거라. 안 와가지고 그냥 가방 하나 큰 거 빌리고, 지
학교 다니는 가방이 좀 크거든요, 거기다 넣고 이것저것 챙겨서 가
기는 갔지요.

면담자   인터넷에서 산 게 안 와갖고 되게 약 올라 했겠네요.

동영 아빠   그렇지요. 그래서 좀 찌뿌둥했었지요. 그랬는데도
잘 가더라고요. 갔는데 그걸, 이제 나중에 왔길래 그냥 관 속에 넣
어줬지요.

면담자   학교 갔다가 수학여행 가는 15일 날 아침에 동영이

를 보셨어요?

동영 아빠   그렇지요. 저는 또 그런 때만 해도 조금 늦게 일어나고 그랬으니까, [일어나서] 잘 갔다 오라고 그랬지요. 그래서 나중에는, 다음 날인가 우리가 그러니까 이 소식을 접한 게 일찍 접하질 않았잖아요. 일찍 못 접했어요. 그래서 8시, 9시 반, 9시쯤 그 정도에 내가 문자메시지를 넣었거든. "잘 가고 있냐?" 하면서.

면담자   16일 아침에요?

동영 아빠   예. 그 뒤부터 인제 답이 없지요. 그리고 조금 있으니까 이게[뉴스가] 나오더라고요. 그때, 그날 아까 환경미화원, 실은 마지막 서류를 넣어놓고 면접시험 넣어놓고, 인제 버스 안에서 그 소식을 제가 들은 거예요.

면담자   그러면 아빠가 합격된 걸 동영이는 모르는군요.

동영 아빠   그렇지요. 솔직히 그래서 [제가] 시험 준비할 때, 체력검사를 하니까 동영이가 초시계 재고 저는 뛰고 매달리고 윗몸 일으키기 연습하고 그랬었지요. 그래서 얘가 됐으면 진짜 좋아했을 텐데, 진짜 억울하고 아쉽더라고요.

면담자   동영이가 아버님 환경미화원 하시려는 거를, 체력검사 준비하는 거를 알았잖아요. 환경미화원이라는 일이 결례의 말씀입니다만 많이 힘든 거라는 거 정도는 알 나이잖아요. 그런데도 아빠 격려해 주고 좋아하고 그랬군요. (동영 아빠 : 예) 아빠 합격한 거 알았으면 좋았을 텐데, 그렇지요?

동영 아빠   그렇지요. 진짜.

면담자   15일 날 가고 그날은 별 연락 안 하셨었나요?

동영 아빠   인제 지 엄마 카톡으로 배에서 딱 찍어가지고 보내
줬더라고요, 못 갈 수도 있다고. 그때가 몇 시쯤 되냐면 9시, 7시인
가 8시인가 그 시간쯤.

면담자   저녁이요?

동영 아빠   예, 그 시간쯤 될 거예요. 거의 억지로 보낸 거예요,
억지로 배도 출항시키고. 지금 서서히 밝혀지고 있지마는 진짜 그
렇잖아요.

면담자   15일 날은 동영이가 보내온 사진이나 이런 거 보면
서 '여하튼 이렇구나' 알고 계셨고. 그만저만 하니까 다음 날 아침
에 아버님께서 '잘 가고 있나' 연락을 해보시고. (동영 아빠 : 예) 그
때부터는 답이 없는 거고요. (동영 아빠 : 예) 밤사이, 새벽 사이에도
따로 연락 온 거는 없었고요?

동영 아빠   그렇지요. 핸드폰이 그때 망가졌었어요. 새로 바꾸
거나 AS를 받아서 보냈어야 되는데 그럴 겨를이 없어 가지고 그것
도 좀 걸리고.

면담자   망가졌다는 게….

동영 아빠   예, 카톡하고 문자 주고받고는 되는데. (면담자 : 통화
는 안 되고) 예, 음성이 안 되니까.

면담자　　　그럼 아버님께서 동영이에게 보내고 답이 없는 상태에서 참사 소식은 어떻게 알게 되셨나요?

동영 아빠　　　그때 내가 저번에도 말씀드렸지만 시청에 마지막 면접 서류를 내놓고 버스 안에서 들었는데, 좀 이상하게 "수학여행 무슨 배가" 이래[서] '이상하다' 했더니…. 직감이라는 게 그런 거 같아요. 그래 기사 있는 쪽으로 라디오 가까이 가서 들었는데 바로 단원고 애들이, 세월호 얘기하더라고. 버스 안에서 진짜 미치는 줄 알았지요. 그분들이, 승객들이 많이 놀랐을 거예요, 아마 그때 잠깐 사이에.

면담자　　　막 놀란 내색을 하시게 된 거군요.

동영 아빠　　　예, 그렇지요. 팔짝팔짝 뛰었지요. 그래 인제 바로 정류장에 내려서 가게로 왔더니마는 방송이 나오고.

면담자　　　엄마도 알고 계시고?

동영 아빠　　　예, 처음에는 문자가 왔어요, 다 뭐 "괜찮다"고. "구조했다"고 그러는데 안심했지요.

면담자　　　그게 학교에서 온 문자인가요?

동영 아빠　　　그러니까 학교에서도 이걸 잘못 보낸 거예요. 정확히 파악을 하고 보냈어야 되는데 일단 방송에 한번 그게 나왔잖아요, 다 구조했다고. 그러니까 그걸 보낸 거라. 시간이 계속 지날수록 이거 아닌 거라. 학교를 쫓아갔지요. 난리가 [났더라고요]. "안 되겠다. 빨리 진도로 내려가자". [그런데] 버스는 대놓고 시간[을] 자꾸 [끌었어요]. 하여튼 처음부터 끝까지 거짓말하고, 정부서고 학교서고 거짓말하기 시작하는데…. 우리가, 저도 거짓말 같은 거 잘 안 하거든요, 솔직히 얘기하고 그런 편인데, 1년 동안, 1년 넘도록 지금까지도 거짓말 많이 배웠네요, 진짜.

면담자　　아버님이 학교에 가신 게 대략 몇 시 정도 되세요?

동영 아빠　　그때가 10시 한 반?

면담자　　그러니까 얼마 안 되는 시간 얘기를 하시는데 그게 굉장히 길게 느껴지시는 거군요.

동영 아빠　　그렇지요, 엄청 그냥.

면담자　　여러 거짓말들을 접하게 됐다고 아버님 말씀하셨잖아요. 대략 어떤 얘기들을 다 믿을 수가 없었던 건가요?

동영 아빠　　학교에서도 막 뭐[항의] 하면 뭐[괜찮을 거라고] 하니까 그건 뭐 학부모들 진정시키려고 그런 노력도 한 건 하는 것 같은데, 그런데 귀에 안 들어와요. 그건 귀에 안 들어오고 인제 학부모들 쫓아가서 소리 지르고 하니까 그 사람들도 막 경황이 없어요, 학교 측에서도. 저희도 경황이 없을 거 아니에요, 그런 대형 사고가 났으니까. 그래서 바로 저녁에 옆집 5반 완준이네 아빠랑 같이 그 차를 타고 왔어요, 진도까지.

면담자　　학교에서 버스로요?

동영 아빠   아니요. 학교에서 주는 건 늦을 거 같아 가지고 완준
이네 승용차로 갔지요.

면담자   누가 운전하시고요?

동영 아빠   완준이 아빠가 했지요. 저는 인제 계속, 시골에 친구
들이 많이 있으니까, 사촌 형 있고 하니까 계속 연락하면서 내려갔
지요. "5반 누구하고 6반 동영이 찾아보라고, 빨리. 생존자 명단 한
번 봐봐라", 계속 전화만. 이제 그 사람들도, 친구들도 그러고 막
계속 왔다 갔다 하면서 "딱 봐도 없다"더라고. 진도 내려가서, 몇
시쯤 도착했는지 모르겠네, 진도에. 4, 5시 된 거 같은데 아무래도.

면담자   완준이 아버님하고, 아버님하고 딱 두 분만 차에 태
워 가셨나요?

동영 아빠   둘이 먼저 타고. 완준이 엄마가 그때 같이 갔었나?
나중에 갔나? 동영이 엄마는 인제 ○○이 때문에 그다음 날 오고.
○○이도 이제 그다음 날 같이 내려왔지요.

면담자   가시는 동안 완준이 아버님은 운전 계속하신 거고
아버님이 계속 전화, 진도에 아는 분들한테 빨리 찾아보라고 하셨
네요. 그러니까 학교에서 버스가 간다는 건 알고 계셨는데 기다렸
다 그거 탈 마음의 여유가 없으셨던 거군요?

동영 아빠   예, 늦을 거 같아 가지고.

면담자   그래서 실제 도착도 학교 버스보다 아버님이 먼저

하셨어요?

동영 아빠   그렇지요.

면담자   맨 처음에 가서 보시니까 어떤 상황이었나요?

동영 아빠   가서 처음에 먼저, 생존자 명단[을] 밖에다 백보드 판에다 해놨더라고요.

면담자   어디, 저 팽목항 쪽인가요? 체육관 쪽인가요?

동영 아빠   체육관. (면담자 : 체육관에다가) 예. 처음에는 체육관으로 먼저 갔지요. [생존자 명단을] 해놨는데 [동영이는] 없어요. 일단은 그 체육관 안에 학생들이 몇 명 있었어요, 단원고 생존자들이. 물어봤지요. "애들아, 6반 애들 없니?" 잠깐 이렇게 또 물어보려 하는데 금방 애들을 어디로 빼돌린 거지, 일단.

면담자   빼돌린다는 건?

동영 아빠   그니까 쉽게 말하면 애들을, 왜냐하면 학부모들 버스 오고 뭐 하면 애들 잡고 또 뭐 [묻고] 할까 봐 그랬을 수도 있고, 안 그러면 자꾸 물어보게 [될 테니까]. 애네들한테 학부모들이 뭐 물어봐 가지고 어떻게 됐는지 막 물어보면 자기들도 또 괴로울 거 아니에요. 저는 이제 언뜻 그런 생각이 들더라고요. 잠깐 있으니까 애네들은 다 병원으로 데리고 가고. 인제 다 정부 쪽에서 와서 했는데, 교육청 쪽이랑 경기도 뭐 와서 일단은 급히 업무 볼 거 이런 거 그 사람들이, 그러더라고. 그때 그 사람들 이름하고 전화번호를

다 알아놨어야 했는데 경황이 없으니까 못 했고. 목포에서 200명이 온대요. '아, 그래 갖고 또 거기 있겠구나' 그리 생각을 했지요.

면담자　　　목포에서 200명 온다는 건, "구조되어서 오고 있다" 그래요?

동영 아빠　　예. 그래서 조금만 더 기다리라고, 1시간 정도 있으면 온대요. 목포에서 오는 시간은 버스로 한 40분, 좀 넉넉잡고 1시간 그 정도면 되거든요. 기다렸지요, 안 와요. 개새끼들. 그때부터 우리에게 인제 거짓말을 시작한 거예요, 물론 구조한 것도 있지만. 아니, 차라리 그런 얘기를 안 했으면 모르는데, 안 와. 다시 물어봤지. 그 사람이 없어져 버렸어요.

면담자　　　누군지도 모르시고요?

동영 아빠　　예, 누군지도 모르고. 그러니까 조금 있으니까 한 80명이 온대요, 진도 팽목 쪽에서. 그러면, 또 기다렸지요. 안 와. 벌써 그러면 280명 아니에요, 산 사람들 있고 그러면. 그래야 숫자가 맞아요, 딱 계산해 보니까, 애들 숫자하고 이렇게 해보면. 전부 다 304명으로써, [단원고 학생 희생자가] 250명이니까. 70명 살고 80명, 150명에다가, 200명. 대충 나오잖아요, 일반인들까지 숫자 합치면. 그런 거짓말을…. 또 가니까 없어요. 다 때려, 그냥 다 엎어버리고. 그다음 날인가 대통령이 왔었지요, 아마 그날은 안 오고. 그때 실수한 게 있어요, 저희들 실수한 게. 아예 대통령 거기다 딱 묶어놨어야 돼요, 체육관에다. 그런 생각이 나중에 들더라고. 그때는 경황이 없었지요.

면담자   대통령이 와서 체육관에서 얘기하고 그럴 때 가족분들이 질문도 하고 항의도 하고 그러신 영상이 있던데, 뉴스에는 그냥 평안하게 얘기된 걸로만 보도가 됐었잖아요.

동영 아빠   다 편집해 버린 거지요, 방송국에서.

면담자   예. 현장도 아시고 보도도 보시고 그러면서 서운함도 있으셨겠습니다.

동영 아빠   서운한 게, 뿐만 아니라 그거는 말로 어떻게 형용할 수가 없지요. 왜 그러냐면 대통령이 와서 자기가 전원 다 구조해서 이렇게 뭐 한다고 해놓고, 말까지 해놓고, 언제든지 찾아오라고 거짓말만 해쌓고. 그때 우리가, 그때 믿는 게 잘못했어요.

면담자   그날 대통령이 체육관에서 시간상 어느 정도 대화를 하셨나요?

동영 아빠   시간으로는 거의 한 40분.

면담자   그렇게 오래 서 있었어요?

동영 아빠   3, 40분 될 거예요, 기억으로는 그런 것 같네요.

면담자   꽤 오래 있기는 했네요.

동영 아빠   예. 거기 인제 해경 청장하고, 그때 해수부 장관 있었고 청장하고 차장하고 같이, 세 명이서. 그러니까 그때도, 그날도 거짓말했거든요.

면담자   뭐라고요?

동영 아빠   "다 구조하고 있다"[고]. 3일째부터 구조가 시작이 됐
거든요. 우리가 첫날, 그러니까 체육관 들렀다가 바로 팽목항으로
갔으니까, 밤에 해경 P정 사람들 많이 못 타고, 그때도 왔다 갔다
해야 돼. 그때는 이 자식들이 또 그때도 거짓말을, 한 2시간 가 있
는데[가야 한다는데], 2시간이 뭐야, 한 40분이면 가더라고요.

면담자   팽목항에서 참사 현장까지요?

동영 아빠   예, 해경 P정이라고 고속단정이지요. 그걸로 가니까
한 40분, 1시간 그러는데 2시간이라고 거짓말했어요.

면담자   아버님은 가셨어요?

동영 아빠   그거를 못 탔어요, 처음에는. 나중에 가려고 했는데
그 뒤로 이제 못 가버렸고. 그다음부터 인제 계속 왔는데, 거기 갔
다 온 사람 얘기 들으니까 전혀 아무것도 안 하고 조명탄만 쏴놓고.

면담자   조명탄만 쏴놓고 구조는 안 하고요?

동영 아빠   안 하고, 그 단정만 뱅뱅 그 주위 돌고. 한 3일 동안
그랬다니까, 72시간 동안. 이게 계획적인 거예요. 보면, 저도 이제
군대생활 하면서 훈련받고 이렇게 얘기를 들으면 72시간이 상당히
중요한 시간이더라고요, 보니까.

면담자   이른바 골든타임이라고 하죠.

동영 아빠　　　예. 사람 생명도, 급한 상황에 처했어도 그 정도[까지]는] 버티면 살 수 있겠구나. 그때 뭐 아에 그냥 다 죽어서 건져내려고 구하지를 않았지. 나중에 그 보트도 나왔지마는 진짜 미쳐요, 막. 우리가 가서 진짜 뛰어들어서 그렇게 했어야 되는데, 실은. 그랬으면 정부 쪽에서 적극적으로 하고 했을 텐데 그렇게 하지는 못하고, 거기가 물살이 센 데라, 조류가 센 곳이라. 진짜 3일 동안 그때….

면담자　　　그러니까 3일 동안 구조를 안 한 건 조류가 세서 안 했다고요?

동영 아빠　　　아니지요. 일부러 안 한 거지요. 그 낮 시간 8시 30분, 40분. 배가 서서히 기울어지고. 그 123선[정]이 갔었잖아요? 또 헬기 떴을 때도 헬기에서 내려와서 나오라고 해서, [선내] 방송에는 "가만히 있으라" 했어도 그때 걔네들이 밧줄을 타고 올라가서 "얼른 나오라"고 했으면 다 나왔어요, 그 당시만 해도. 그 낮에 시간이 많이 있었잖아요.

면담자　　　당일 날.

동영 아빠　　　예, 당일 날. 이게 우리가 나중에 목포법원에서 증거 보존 신청한 게 CCTV 복원한 게 있거든요, 노트북이랑.

면담자　　　해경이 찍은 거요?

동영 아빠　　　배 안에서 찍은 거, 배 안에서 찍혀 있던 거 그거를 팽목항 있는데 우리가 그거를 발견을 했어요, 우리 가족들이 마대자루에 넣어놓은 거를. 그거 보니까 CCTV 뭐, 노트북이랑, 그걸 복원을 해서 증거 보존 신청[을 했어요], 법원[에]. 목포에서 그거 화면 나온 거를 봤는데 이게 국정원이 왜 그거를 관리하느냔 말이지요, 배를. 기가 막히더라고. 저는 알기로는 전에 우리가 휴전 상태 잖아요, 지금. (면담자 : 남북이) 예, 휴전 상태인데 옛날에 우리나라 지금 나오는, 대우[자동차]에서 나오는 무쏘(Musso), 그런 지프차 종류 같은 거, 버스, 또 대형 화물차, 배 같은 거는 전시에 투입할 수 있도록 만드는 그 체계가 있거든. 그래서 그런 줄만 알았어요. 그건 하면 국방부에서 해야 되지 국정원에서 관리하는 거 아니거든요. 그 쪽지 보니까 직원들 휴가, 어디 뭐 문짝 떨어져서 고친 거, 그래 그거 [국정원에서] 다 관리해 놓은 거예요.

면담자　　　국정원이요?

동영 아빠　　예, 국정원 직원들이.

면담자　　　아까 CCTV 영상 거기에서 확인이 되었나요?

동영 아빠　　예, 노트북에 나오는데, 그게. 목포에서 이제 기자회견 하고 그랬는데…. 그러니까 실은 지금도 이제 다 드러났지마는, 이게 유병언 청해진해운, 회사명만 그렇게 돼 있지 관리는 국정원에서 한 거예요, 이게. 돈 같은 거 수익금 벌어서 국정원으로 좀 들어가고, 그 수익 자금이 한 1000억 된다는데 그 1000억이 어디로 갔는가 모르지. 이번에 메리츠화재에서도 보험료가 한… 제가 모르겠어요, 그게 사실인지 아닌지는 잘 모르겠는데, 한 900 정도가 지금 어디로 샜어요. 그러면 총 합치면 그게 1900억인데…. 그러니

모든 걸 밝혀야지.

면담자   그런 의구심을 강하게 갖게 되신 게….

동영 아빠   그건 이제 복원한, 목포법원에서 본 거, 그 관리한
내용을 보고 그런 거지요. 우리가 의심을 하는 거지요.

면담자   처음에는 그러면 '왜 구조를 안 하나' 되게 의아하셨
겠습니다.

동영 아빠   그렇지요. 우리가 그러니까 내려갈 때는 벌써 오후
시간이고, 이미 상황이 종료돼 있는 거예요, 앰뷸런스들은 엄청 왔
다가 다 없어지고. 우리 친구도 그 현장을 갔었대요, 배, 어선 일을
하니까.

면담자   진도의 친구요?

동영 아빠   예. 없어요. 일부러, 그러니까 처음에 몇 명만 구하
고, 선원들만 구하고 말아버린 거지요, 실은. 그래 인제 어선들, 진
도 거기서 거의 100척 정도 거기를 갔는데, 어선들이. 애들[에게] 그
냥 뛰어내리라 해서 뛰어내리면 그냥 들어 올린단 말입니다. 그걸
안 했다는 거지.

면담자   세월호 주변에 100척 정도의 어선들이 가서 도우려
고, 구조 도우려고 했었네요.

7
참사 초기 가족들의 대처와 정부에 대한 분노

동영 아빠   뭐 미국 함정인가, 그거 있고. 또 어떤 배지? 하여튼 많이 도움을…. [그런데] 우리가 도와주려고 하면 다 막았잖아요. 뭐 소방본부나 해경이나 다 막았어요, 실은. 그게 인제 뭘 하려고 했는지 몰라도 아예 그런 것 같아요, 처음부터 15일 날 출발할 때부터 이게. 그래서 다른 사람, 승무원들 또 얘기 들어보면 전에 있던 승무원들이 그러니까 거의 안 탄 거예요, 안 탔어요. 울면서 절대 안 탄다고, 그런 얘기가 자꾸 들려요. 그러니까 [세월호의] 전 선장이란 분이 방송에는 죽은 거 같다고 나왔지마는 원래 그분은 우리가 듣기에 그만둔 거예요. 회사에다 보고해서 "이 배가 상태가 안 좋다. 이거 어떻게 고치든지 해야 된다"[고] 다 그걸 선장이 얘기를 했는데, 회사에서는 묵살을 시켜버린 거지요. 그게 어떻게 보면 조작해서 국정원에서, 그러니까 국정원에서 압력을 넣었을 거예요. 분명히 다른 배는 절대 출항을 안 시켰어요. 하나도 안 시켰어요, 안개 때문에.

면담자   세월호만 출항했습니까?

동영 아빠   예, 조금 시간 지나고 세월호만 출항했지요. 국정원이 관리를 하면서 '이때다' 싶어 가지고 얘네들이 일부러 그런 거 같아요. 이상한 거를 만든 거 같아요. 불법 대선[대통령 선거] 그거 덮으려고 그런 거 같아요. 우리나라 대통령제를 보면, 어릴 때부터 보면 대형 사건들이 꼭 하나씩 있어요, 대통령 될 때마다. 북풍 조작이 안 되니까 인제 그거로 해버리는 거 같아요, 저는. 지금 천안함 사건도, 이명박 때 천안함 사건도 그런 거 같아요, 특별한 뭐가 없으니까 짜고 다. 분명히 천안함도 속초함이 그 근방에 있었거든요. 그러면 속초함에서도 어뢰나 이런 거 발견하지 못하겠습니까? 레이더가 다 있는데.

면담자   아버님이 이번 참사를 겪으시면서 너무 거짓말이라고 느끼는 게 많았고 의심 가는 구석이 많으니까 지금 이제 "그런 부분들이 다 제대로 조사가 돼서 밝혀져야 된다", 이런 말씀을 하고 계신 거지요? (동영 아빠 : 예) 시간을 조금 뒤로 가서 진도에 처음 내려가셨을 때요, 정말 경황들이 없으셨을 거라고 생각이 됩니다. 그러니까 부모님들이 "이 일을 어떻게 대처를 하자", 이른바 "조직적으로 좀 대처를 하자" 이런 이야기가 시작된 게 언제쯤 되나요?

동영 아빠   우리가 체육관에서만 진짜 어마어마했어요, 사람들이. 그러니까 우리 가족들뿐만 아니라, 물론 뭐 친척도 오시긴 오셨겠지만 그 안에 사복경찰관들, 그리고 프락치들 그 숫자가 더 많았어요, 실은. 와해시키려고.

면담자   그런 말씀을 하시더라고요. 그런 사람들이 그렇게 많았나 보지요?

동영 아빠   예. 그래서 우리가 이제 시간이 조금, 한 일주일 그 정도 됐을 거예요. 그래서 반별로 이렇게 딱 짜게 됐지요.

면담자   반별로 모임을요?

동영 아빠   예. 반별로 한 일주일 됐나, 안 됐나. 기억이 인제 좀 가물가물한데 그 정도 됐을 거예요. 그리고 반별로 하니까 이게 싹 없어진 거예요.

면담자   그러면 그 전에도 이제 첫날부터 뭔가 대표 격이 되시는 분들이 있어서 정부 관계자랑 얘기도 하고 그러지 않으셨겠습니까?

동영 아빠   소용없었지요, 그거 해도.

면담자   처음에는요?

동영 아빠   그렇지요. 3일 동안 전혀 구조도 안 하고 조명탄만 쏘고 그랬으니까.

면담자   그때는 가족분들도 어떻게 대책을 꾸리거나 이러지는 못하고 그냥 개별적으로….

동영 아빠   예. 그래서 이제 팽목에서만 발만 동동 구르고 있었지요, 울면서, 소리 지르면서.

면담자   체육관하고 팽목이 차로 2, 30분 떨어졌잖습니까? 체육관에서 팽목으로 왔다 갔다 하신 부모님들은 각자 알아서 그렇게 하신 건가요?

동영 아빠   아니지요. 인제 처음에 저희도, 저도 그냥 팽목으로 먼저 갔어야 되는데 체육관으로 일단 먼저 들렀지요. 애들이 인제 수습, 뭐….

면담자   아이들이 거기에 있다고 하니까요.

동영 아빠   그렇지요. 거기 갔다가, 그리고 인제 그다음 날부터는 계속 팽목으로 서틀버스 타고 왔다 갔다 한 거지요.

면담자   맨 처음에는 아버지들이 정부 관계자들 대처를 하다가, 며칠 지나고 어머님들도 대표 격으로 나오셨다는 말씀이 있던데, 그러셨나요?

동영 아빠   예, 그렇지요.

면담자   처음에는 왜 아버님들이 대표 일을 하시다가 또 어머님들이 합류하시고 그러셨나요?

동영 아빠   그때는 서로 경황도 없어 그렇게 하다가 반별로 하다 보니까 힘들고 뭣하면 또 일을 분배해서 좀 나눠서 해야 된다고 그랬거든요.

면담자   그렇게요. 그 와중에 천천히 한두 명씩 아이들이 수습되어 돌아오게 됐잖습니까?

동영 아빠   아, 올라오는?

면담자   예. 올라오는 아이들이 이제 생기지 않았습니까? 동영이는 5월 5일 날 올라왔고. 그렇게 동영이보다 먼저 올라와서 안산으로 올라오는 친구들 보면 어떠셨어요?

동영 아빠   그래도 빨리 수습이 돼가지고 올라온 사람들은 다행이라고 생각하지요, 그나마 조금 온전한 상태니까. 그런데 그때 먼저 좀 일찍 올라오는 그 애들 바라보면 진짜 너무 깨끗했대요. 너무 깨끗하고 입에 거품… 그러니까 의사들도 전부 다 얘기 들어보면 거품이 있으면 질식해서 죽었다는 거예요. 그러니까 배가 그렇게까지 안 기울었을 때 충분히 애들을 다 나오게 했으면 다 살았을 텐데, 일부러 그러니까 안 구하고 놔둬 버린 게 그게 정부하고 해경의…….

면담자   아버님, 체육관에서 지내실 적에요. 한번 행진을 하셨잖아요?

동영 아빠   진도대교.

면담자   진도대교 건너서 청와대로 행진하시려고 그러서서, 아버님뿐 아니라 가족분들이 참여하셨잖습니까? 그걸 또 경찰들이 막아서고 그랬던 그 과정을 좀 얘기해 주시겠어요?

동영 아빠   그때가 며칠쯤 됐을까… 동영이 나오기 한참 전이니까. 참 그때 무슨 장관하고 약속을 했을 거예요, 해수부 장관하고. 총리인가? 그런데 도저히 안 되니까, 누가 그랬는지 모르겠어요. "청와대로 가자" 그래 갖고 그때 인제 모든 체육관에 있는 사람, 팽목에 있는 사람들은 그쪽에서 올라오고 그랬지만 체육관에 있는 사람들은 먼저, 부모들 먼저 체육관에서 간다고 했는데 처음에 막

왔지요. "빨리 총리나 장관 오라 그래라" 그래 가지고 거기서 실갱이하다가 이제 뚫고 진도대교까지 걸어갔었지요. 그래 갖고 진도대교 가기 전에 녹진이라는 데서 막혔지요, 또. 내 그래서, 진도경찰서에 있는 정보관이 저희 또래더라고요, 63년생 저희 또래인데, 그 양반도 애가 우리 애들만 했을 거예요. 잘못됐는가 봐요. 항상 관심을 많이 갖고 그랬었는데 그 사람도 자살했잖아요.

면담자   그 뒤에요?

동영 아빠   예. 진도대교 갈 때 녹진이라는 데서 경찰하고 부딪쳤지요. 제가 길을 아니까, 진도가 대교 넘어서 길을 이제 따로 냈단 말이에요. 이거는 신(新)길이고 저기는 구(舊)길이 나 있고. 신(新)길 쪽을 다 막고 있더라고요. 그래서 "구길로 가자" 했는데 구길 잽싸게 와가지고 또 몇 개 중대 해가지고 딱 막고 있더라고.

면담자   아버님께서 진도분과위원장을 하셨다고 들었는데요. 그건 체육관에서 부모님들끼리 역할 분담을 하셨을 적에 그렇게 되신 건가요?

동영 아빠   우리가 [안산에] 올라와서 어느 정도 뭐라고 해야 되나, 처음에 올라와서 협의회를 꾸린다 그럴까요? 그때 했을 때 중간쯤부터 했을 거예요. 더군다나 제가 그것도 한 이유가 우리 반에 [미수습자가] 두 명 있잖아요, 영인이하고 현철이하고. 제가 또 고향이 진도라 일단 제가 한다고 나섰지요. 그런데 나섰지마는 할 게 없어요. 그냥 거기 가 있는 거. 왔다 갔다, 뭐 대충 상황 보고 위하고 연락 주고받고 하는 거 이제 그런 거뿐이었는데, 12월 31일까지는.

면담자   동영이 수습하시고도 계속 내려가 계셨군요.

동영 아빠   예. 계속 저는 내려갔었지요. 쉽게 말하면 뭐 위로 아닌 위로 [하기 위해서], 차로도 가고.

면담자   진도분과위원장이라는 자격으로도 가시고, 또 남아 있는 가족분들 위로도 하러 가시고.

동영 아빠   그리고 아침에 회의 들어가고, 정부 회의[범정부사고대책본부 회의]하는 거. 오후에 수색 구조, 수습 내용 설명, 브리핑하는 거 들어가고. 그냥 개판이에요, 진짜 지금 와서 [생각해 보면].

면담자   어떤 게 개판이라고 생각하셨나요?

동영 아빠   브리핑하는 거도 그렇고, 이게 처음부터 걔네들이, 원래 정부 쪽에서 제시를 해서 "이러이런 방식 있고 이런 방법이 있습니다" 하고 저희한테 해야 되는데, "어떤 게 좋겠습니까?" 방법을 물어서 좋은 쪽으로 해야 할 거 아닙니까. 그런 게 아니에요. 쟤네도 어떻게 할 줄을 모르는 거예요. 우리한테 오히려 물어보는 거예요. 그러면 "이렇게, 이렇게 하십시오". 그러니까 방법을 여러 가지를 선택했는데도 나중에 늦게 이제 다이빙 벨[을 투입하자는 제안이] 와가지고, 그것도 방해해서 못 들어갔지요. 두 번인가 들어갔다가 방해해 가지고 다시 나왔잖아요, 막 위협하고 그래 가지고. 그러니까 정부 행태가 너무나 진짜 그런 거예요. 왜, 구하러 들어왔는데 왜 그런 거 못 하게 하냐 말이지.

면담자　　　　부모님들 입장에서는 뭐라도 해야 된다는 입장이신 건데….

동영 아빠　　　그렇지요. 지푸라기라도 진짜, 물에 빠지면 지푸라기 잡는다고 그런 심정으로 다 했는데 무조건 막는 거예요.

면담자　　　　아버님께서는 군생활도 길게 하신 경험이 있으시고 이런 긴급 상황에 대한 훈련도 해보셨을 테고요. 참사를 겪으시면서 '우리 아이들이 살아서 돌아올 수 있다'는 생각을 바꾸신 게 대략 어느 시점쯤부터였어요? 언제 정도부터 '살아오기 어렵다'고 생각하셨나요?

동영 아빠　　　처음은 그랬어요. 진짜 믿으실지 안 믿으실지 모르겠지만, 저는 얘가 [친구들에 대한] 의리로, 의리가 얘도 있어요. 그래서 '친구들은 다 갔는데 지는 살아서[살았으니] 뭐 할까 봐 어디 숨어 있나?' 그런 생각까지 했어요. 그런 생각하다가 4일, 5일 그 정도 돼서는 인제 이런저런 소식도 없고 하길래 '갔는가 보다' 그래 생각했지요.

면담자　　　　이제 며칠 시간이 지나면서 기자들, 의료진들 또 자원봉사자들이 많이 몰렸잖습니까? 다양한 자원봉사자들이 있었는데 그때 그분들에게 느끼는 특별한 감정도 있으셨나요? 그럴 경황조차 없으셨지요?

동영 아빠　　　처음에는 그랬지요. 처음에는 뭐 경황도 없고 그랬지만 인제 시간이 조금 더 지나고 나니까 '진짜 우리나라 국민들은 이렇게 스스로 생업 포기하고 나서서 이렇게 이런 참사나 대형 사건에 대해서, 이렇게 관심을 갖고 옆에서 봉사하고 도와주려고 하는데, 정부는 왜 그러는가'. 진짜 거꾸로 됐어요, 국민하고 정부하고. 그래서 국민들이 어느 정도 뭣하면 조금 의식이 깨어 있는 국민이 돼야 되는데, 그렇지 않아요. 진짜 수많은 자원봉사자들, 의사선생님들, 그분들 빼고는 다른 거 없어요. 뭐 경찰이나 언론, 정부 믿을 수 있는 놈들 하나도 없었어요, 진짜 그때 당시에.

면담자   체육관에 대형 모니터를 놔두고 방송을 계속 나오게 해두었잖습니까?

동영 아빠   예. 그거는 대통령이 온 후로 우리가 요구를 해서 그렇게 해놓은 거고. 해놓은 거 하나는 그때 당시에 전광판, 그 하나는 이제 수습자들 인상착의 같은 거 그런 거 하나로 비추고, 하나는 TV도 보면서 이렇게 했는데, 한쪽은 사고 현장 그쪽을 비춰가지고 우리한테 보여주는 거거든요. 나 그거 별로예요. 그게 뭐, 하나 마나 똑같아요. 우리가 항상 답답하고 그러니까 체육관에 집어넣어서 그래 해달라고 했는데, 대통령 왔다 간 뒤로 바로 했거든요.

면담자   가족분들끼리도 워낙 여러 분들이고 상황도 다르고 그러다 보니까 의견이 꼭 한가지는 아니잖습니까? 의견 차이도 있을 수 있고 간혹 뭐 언성이 높아질 수도 있었을 텐데, 초기에 어떤 면에서 의견들이 좀 다른 게 있으셨나요?

동영 아빠   의견이 처음에는, 초기는 서로 막 경황이 없고 그러다 보니까 그럴 수도 있는데, 나중에는 모르겠어요. 그렇게 크게 뭐 의견 차이가 나서 [대립하고 그러지는 않았었던 것 같아요]. 왜냐하면 체육관하고 팽목하고 양쪽으로 분리돼서, 부모들이 분리돼 있으니까 이쪽은 이쪽대로…. 오히려 체육관에는 좀 조용했었어요. 그러다가 체육관 쪽에서 형사인가, 한번은 우리한테 걸린 적이 있었어요. 차에서 이렇게 딱 기대고 있는데 전화로, 우리가 청와대 갈 때 그때거든, 가기 전에 "야 이 새끼야. 그런 거 있으면 빨리 보고를 해야지" 하면서, 그 소리를 차 안에서 들은 거예요.

면담자   아버님이요?

동영 아빠   아니요. 다른 엄마가, 우리 반 엄마가.

면담자   '경찰이구나' 하고 알아차린 거네요?

동영 아빠   그래서, 예. 거기 잡아가지고 "뭐 하는 새끼야?" 뭐 어쩌고저쩌고했는데 신분증이랑 다 보니까 경찰이라 이거야. 그래 갖고 거기서 한번 또 주먹다짐까지는 못 하고 멱살 잡고 뭐 하고. "누구냐"고, "어디 서에 있는 놈이냐"고 묻고 이제 그랬었지요.

8
동영이와의 만남

면담자   초기에 그런 답답하고 힘든 상황을 거치시다가 5월 5일 날 동영이가 올라올 때 기억을, 좀 힘드시겠지만 그날 상황을 말씀해 주시면 좋겠습니다.

동영 아빠   그때 새벽에 그게[인상착의가] 떠가지고 아침에 가서 봤는데 손과 발은 깨끗하더라고요. 살아생전에 있던 손하고 발은, 내가 팬티까지 다 열어봤는데 참 똑같아요. 근데 얼굴의 한쪽이, 눈이 동그래 갖고 핏기가 있고 이가 빠졌더라고, 앞니가. 두 개인가 빠졌는데 왜 그러냐고 물어보니까 자기들은 쉽게 얼른 생각을 말하더라고요, "부딪쳐서 그랬다"고. '배가 쏠리면서 부딪쳤는가 보다', 저도 인제 그렇게 생각했지요. 물속에서 애들이 얼마나 뭐하다가 그랬으면…. 처음에 얘 볼 때는, 그래서 핏줄은 못 속인다고 그럴까요? 처음에 태어난 모습이 보이더라고요, 태어난 모습으로. 처음에 태어났을 때 그 모습이 딱 비춰지더라고. 한 며칠 지나니까 저희 선친 모습이 또 보여요. 아, 그래서 '피는 못 속이는구나'[하고 생각했어요]. 인제 동영이 엄마는 못 보게 하고 저만 보고 그냥 거기서 통곡을 했지요.

면담자   안산으로는 언제 데리고 왔나요?

동영 아빠   그날, 5월 5일 날 올라왔지요. (면담자 : 바로?) 예. (면담자 : 그래서 안산으로) 병원으로 먼저 갔지요. 그때 요한이, 4반인가? 요한이네랑 같이 왔어요, 헬기 큰 걸로 해가지고.

면담자   그리고 장례 치르고요.

동영 아빠   예, 5월 8일 날 치르고. 우스갯소리로 그것도 딸내미가 5월 5일 날은 어린이날 지 생일선물이라고, 또 어버이날 얘가 나갔으니까 부모한테 선물이라고 농담 아닌 농담을.

면담자 ○○이가요?

동영 아빠 예. 농담 아닌 농담을.

면담자 철이 들어갖고 위로하느라고 하는 소리지요.

동영 아빠 그렇지요.

면담자 동영이는 어디에 있나요?

동영 아빠 지금 효원에 있습니다, 화성. (면담자 : 화성에 있군요) 예. 일주일마다 한 번씩 가요, 지금까지.

면담자 가족분들 다 같이 가세요?

동영 아빠 잘 안 가려고 해요, 얘네 엄마고 ○○이고. 저만 갔다 오고.

면담자 마음이 얼마나 힘드시겠어요.

동영 아빠 안 가보면 또 그렇고, 갔다 오면 또 우울하고. 안 가도 우울하고 가고도 우울하고. 그냥 '가고 우울하는 게 낫겠다' 싶어서 갔다 오는데 그날은 술 또 진탕 [마셔요]. 진도에 있을 때도 진짜 하루를 안 빼고 술로 살았네요. 당뇨가 있는데, 그게 중요한 게 아니고. 지금은 이제 좀 회복된 거예요, 술 좀 덜 먹고.

면담자 아버님이 힘을 내서야지요, ○○이도 있고 어머니도 계시는데.

동영 아빠 김제만

동영 아빠　　　그래서 지금도 일하다가도 그렇습니다. 제가 지금 1월 달, 1월 2일부터 인제, 1월 1일은 신정이라 안 했고, 2일부터 새벽부터 했는데 속은 쓰리고 땀은 나고 막 몸을 어떻게 할 줄을 모르겠더라고.

면담자　　　한겨울에도 땀이 흠뻑 나실 정도면.

동영 아빠　　　머리까지 다 젖었어요. 머리까지 다 젖고, 이제 추우니까 잠바 입고. 새벽에 밥을 먹고 나가는데, 이게 속이 위가 놀라서 그런가 어쩐가, 안 먹다가 이렇게 맨날 아침…. 일하기 전까지는 아침 겸 점심 먹었지요. 그러다가 저녁 대충 어떻게 뭐 때우고 술 한잔하고, 그러다가 인제 새벽에 일 나가면 속은 쓰리고 토하고. 한 3일? 한 3일인가 4일 토했었어요, 죽겠더라고. '이것도 해야 하나 말아야 되나' 그러면서, 또 하다가 인제 개학하니까, 일하고 있으면 예를 들어서 학교 그쪽에, 고등학교 이쪽저쪽 몇 개. 제 일 하는 데서 원곡고등학교 가는 애 있고, 경인고등학교 가는 애 있고, 선부고등학교 가는 애, 세 군데 있구나. 그거 보니까 또 일하면서도 많이 울었지요.

9
마무리

면담자　　　아버님. 오늘은 이렇게 동영이 올라온 얘기까지 좀 여쭙고요. 다음에 다시 뵙고 그 뒤에 1년 넘게 계속 투쟁해 오신 얘기, 그때부터 중요한 역할들 하셨던 얘기, 그리고 저희한테 꼭 들려주실 그런 중요한 어떤 대목들, '진상 규명이 꼭 돼야 된다'고 생각하시는 부분들, 이런 거 이어서 다음 번에 더 여쭙겠습니다. 이렇게 긴 시간 말씀해 주셔서 감사합니다.

동영 아빠   예, 고맙습니다.

2회차

2015년 9월 17일

1
시작 인사말

면담자   본 구술증언은 4·16 사건에 대한 참여자들의 경험과 기억을 기록으로 남김으로써 이후 진상 규명 및 역사 기술에 기여하고자 합니다. 지금부터 김재만 씨의 증언을 시작하겠습니다. 오늘은 2015년 9월 17일이며, 장소는 안산시 단원구 글로벌다문화센터입니다. 면담자는 손동유이며, 촬영자는 김혜원입니다.

2
동영이의 장래 희망과 참사 이후 활동

면담자   지난번에 말씀을 동영이 올라오는 즈음해서까지 여쭸고요, 오늘 그 뒤의 일에 대해 계속 여쭤보겠습니다. 근데 지난번에 제가 동영이가 나중에 어른이 되면 어떤 어른이 되고 싶어 했는지에 대해서 좀 충분히 못 여쭸던 거 같아요. 그래서 그 부분부터 좀 여쭈면서 말씀 시작하겠습니다.

동영 아빠   그게 어떻게 인제 커봐야 알겠지만 고민을 많이 했어요, 진로에 대해서. 그러다가 인제 공무원을 한다고 그랬거든요. "공무원 하면 그건 너는 공부는 해도, 진짜 공부 열심히 해갖고 어떤 분야든지 그 분야에 대해서 똑 부러지게 해야 된다. 열심히 하지 않으면 공무원도 힘들다", 그런 식으로 말하고. "공무원 한다 그

71
·
2회차

랬으니까 맨날 말로만 청렴결백한 그런 공무원 되지 말고 확실하게 자신을 생각하면서 가족을 생각하면서 열심히 해라". 대답은 잘 하더라고요(웃음).

면담자   동영이가 공무원 하고 싶었던 이유는 시민들에게 봉사하는 측면이 있었을 것이고 또 생활적으로 좀 안정감 있는 것도 있었을 거고 여러 가지 있었을 텐데, 아버님 느끼시기에는 어떤 거 같아요?

동영 아빠   그렇지요, 박사님께서 말씀하신 대로 둘 다지요. 그때까지는 또 이런 큰 뭐, 어떻게 말로 표현해야 되나요, 크게 뭐 악의적인 그런 마음이 아니고 순수한 마음을 갖고 있기 때문에. 커가면서 또 직장생활 하면서 마음이 또 변할 수도 있고, 그러니까 그때는 [그렇게 생각했어도], 커서는 어떻게 행동할지는 모르지요.

면담자   그렇다 하더라도 아버님께서는 공무원으로서의 어떤 자세나 정신을 강조해 주셨군요.

동영 아빠   예.

면담자   잘 알겠습니다. 아버님께서 진도분과위원장을 맡으셨었는데요. 그걸 맡으신 게 그러니까 참사 초기에 맡으신 건가요?

동영 아빠   아니지요. 사고 초기에는 안 맡고 그때 애 나온 후로 보내고 나서 8월인가 9월 달부터인가 했을 거예요. 한 3개월, 3개월까지 그 임기를 두고 했으니까.

면담자   그러면 5월 달에 동영이 잘 보내주고 그다음에는 어떻게 지내셨어요?

동영 아빠   그다음에는 바로 인제 서명운동 다니고 전국으로 버스로 서명운동, 같은 반 가족끼리 다니면서 그렇게 활동을 했고요.

면담자   그때 서명운동은 특별법 서명운동이었나요?

동영 아빠   예, 특별법 서명운동입니다.

면담자   그때 아버님은 주로 어느 지역을 다니셨어요?

동영 아빠   대구, 대구는 [저는] 안 가고, 우리 반 가고. 저는 그때는 기회가 안 돼갖고 대구는 못 가고 원주, 또 어디냐, 저기 청주, 의정부… 하여튼 대여섯 군데를 다닌 거 같아요.

면담자   그러면 각 반 유가족들이 이제 돌아가면서 이렇게 참여하시는 건가요?

동영 아빠   예, 그때는 반별로 해서 무조건 갔었어요. 막 우리나라 전체를 다 갔지요, 10개 반이니까. 계속 2박 3일씩, 막 3박 4일씩.

면담자   한 번 가면 그렇게 며칠씩 계시는군요. (동영 아빠 : 예) 그러면 그때 경비가 들잖아요. 그거는 어떻게들 하셨어요?

동영 아빠   그때 인제 버스 같은 경우는 지원이 많이 돼 있었어요.

면담자   시민들의 후원이었나요?

동영 아빠   아니요. 안산시, 인제 특별교부세 받은 걸로 했는지 어땠는지 몰라도 하여튼 시에서 해가지고 많이 나갔고, 또 음식 같은 거는 그 지역에서 같이 활동하는 사회활동가분들, 시민 단체 분들이 저녁 하고 잠재우고 그랬지요.

면담자   당시에 시민분들은 대체적인 반응들이 어떠셨나요?

동영 아빠   그때는 진짜 우리가 가서, 그때 당시만 해도 막 무슨 말만 해도 눈물이 나오고 그랬었어요, 지나가는 학생 쳐다보면 눈물 나오고. 그래 인제 시민들 오면, 그때도 모르는 사람들이 상당히 많았어요. 그래 할 때도 모르는 사람들이 많았는데, 자주 우리가 다니고 하니까 [아는 사람들도 있기는 했지만], 방송도 초기에 잠깐 나오다가 말았잖아요. 그러니까 대구, 경북, 뭐 구미 사람, 구미 그쪽은 아직도 모르는 사람이 많아요. 왜냐면 방송을 그쪽은 차단해 버렸는가 어땠는가.

면담자   그렇게 느끼실 정도로….

동영 아빠   예. 지나가다가, 꼭 사람들이 인제 술을 한 잔씩 하고 지나가다 보면 "너희들 뭔데" 어쩌고저쩌고, 인제 그런 게 있잖아요. 그러면 진짜 그때는 같이 멱살 잡고 막 싸우고 싶기도 한데, 그걸 억누르느라고 많이 애썼습니다.

면담자   그러시지요, 뭐 이렇게 울분이 막 솟아날 텐데. 그러면 '시민들을 대할 때 그런 경우가 생기더라도 맞서지 말자' 등등

수칙 같은 게 있으셨나요, 그때?

동영 아빠   특별하게 그런 수칙은 없었어요. '그냥 상대하지 말고 모른 척 하자. 그래야 우리가 편하니까'.

면담자   그러셨군요. 시비 걸어오는 사람들도 좀 있고. (동영 아빠 : 예) 그러셨군요. 그렇게 서명받고 다니시는 일을 주로 하신 게 한 몇 월 정도까지였나요?

동영 아빠   날짜가 기억이 잘 안 나는데. (면담자 : 대략) 우리가 국회 들어갔다가, 국회에서 활동하다가 광화문을 갔으니까, 그때가 한참 여름이었지요. 7월, 8월? 8월쯤 되겠네요.

면담자   국회에서 계시다가 광화문으로 이동을 하실 때 어떤 이야기들을 나누셨나요?

동영 아빠   그때는 그랬었지요. '아무래도 시민들이 많이 오는 곳에서 더 우리가 많이 알릴 수 있는 기회를 갖자', 그런 마음으로 많이 움직였지요, 그때.

면담자   국회에서 활동하실 때 좀 인상 깊은 기억 같은 거 없으신가요? 정치인 중에 누가 고맙게 했다든지 누가 좀 야속하게 했다든지….

동영 아빠   고맙게 한 놈 하나도 없고요(웃음), 진짜. 그래도 야당의원들은 위 계단 타고 의사당 들어가는데 여당 의원들은 다 지하로 차를 끌고 들어가서 거기서 들어가더라고.

면담자　　　부모님들을 아예 외면하려고 지하로 들어갔나 보죠? (동영 아빠 : 예) 찾아와서 격려한 사람들은 있기는 한가요?

동영 아빠　　야당의원들이 대부분이었고요. 우리 특별법 만들 때 도와준 분이 그래도 여기 상록, 상록 을인지 갑인지를 모르겠네, 전해철 의원, 그분이 많이 도와주셨어요, 소통 이렇게 많이 해주고. 김현 의원이 [체구가] 조그매가지고 같이 많이 힘을 보태줬지요, 경찰하고 싸우면서도 그렇고.

면담자　　　김현 의원은 노력도 많이 하고 활동도 많이 한 거 같았는데 중간에 왜 불미스러운 일이 하나, 대리기사를 폭행했다는 식으로 보도되었잖습니까. 그 일 기억하세요? (동영 아빠 : 예) 그건 어떻게 보셨어요?

동영 아빠　　그것도 어떻게 보면 꼬임에 넘어갔다고나 할까, 꼬임이 아니라 어떻게 유도당했다고나 할까요. 그게 왜 그러냐면 얘네들이 보도를 할 때 카메라를 거꾸로 돌렸어요, 우리가 먼저 가서 친 것처럼. 그런데 물론 거기가 아무리 방송국 근처라 그래도 일단 폭행 사건이 일어나면 경찰이 먼저 와야 하는데 기자가 먼저 왔단 말이에요. 그래서 바로 퍼트려 버린 거지요 그거를, 그 사건을.

면담자　　　그게 CCTV 화면이 아니라 기자가 찍은 것도 있었나 보지요?

동영 아빠　　예, 기자가 찍은 거고. CCTV도 못 믿어, 이게 다 돌리고 하여튼. 그래서 잘 좀 우리가 [사실을 알리고 그랬어야 했는데],

신문[이] 그때 힘이 제일 강했을 때예요. [우리는 그때는] 그냥 앞뒤 분간 안 하고 막 싸울 때였으니까, 그때는. 그랬는데 이전 [가족대책위] 집행위원들이 그래 인제 사고를 쳐가지고 그랬는데… 물론 그 사람들도 애썼어요. 애썼는데 결과론적으로 그렇게 나오니까 안타깝지요.

면담자   그러니까 저녁 자리에서 반주를 곁들인 건 사실이고. (동영 아빠 : 예) 폭력, 마찰이 있었던 것도 사실이고. (동영 아빠 : 그렇지요) 근데 아버님 보시기엔 '조금 더 신중했었어야 된다' 하고 안타깝게 보시는 거군요. (동영 아빠 : 예) 그랬군요. 그게 뭐 또 막 대대적으로 보도되면서….

동영 아빠   그게 단순, 어떻게 말하면 술 먹다가 옆 사람하고 뭐 아무것도 아닌 일로 그냥 시비 걸고 다투고 그런 일도 있잖아요. 그런 일이란 말이에요. 그런 일인데 언론에서는 우리를 인제, 완전히 힘 약하게 만들려고 까부수려고, "쟤네들 저랬다", [그래] 가지고 그냥 종방[종편]이고 어디고 다 그냥 퍼트려 버렸지요. 그런 걸, 안 좋은 거를 무조건 다 크게 퍼트리고, 우리 쪽으로 조금 유리한 거는 아주 차단시켜 버리고…. 진짜 더러운 언론이지요.

면담자   예, 그러셨군요. 다시 아까 질문으로 돌아가서 유가족들이 진도분과위원장을 아버님께 맡아달라고 한 것은 어떤 배경에서 그랬을까요?

동영 아빠   제가 인제 또 고향이 진도이고 아는 분들도 좀 있고 진도에, 그래서. 더군다나 우리 반[에 미수습자가] 두 명이나 나와가지고 쟤들 어떡하나, 어떡하나, 진짜 마음이…. 우리는 찾아서 애 보내고, 보냈지만, 아직 미수습자로 남아 있잖아요.

면담자   아홉 명 중에 둘이 6반 학생이죠.

동영 아빠   예, 6반. 영인이하고 현철인가 그러는데. 영인, 박영인, 남현철. (면담자 : 둘이 아직 못 왔지요) 그래서 그게 안타까워서 실은 내가 지원을 하게 됐어요. 크게 한 일은 없고… 그게 아침에 회의 나가고, 팽목항에 브리핑하고, 그런 거 같이 뭣 하고, 거기 상황 보고, 서로 위에하고 연락 주고받으면서 그런 활동을 했지요.

면담자   그럼 거기 내려가서 상주하셨던 건가요?

동영 아빠   그렇지요. 한번 내려가면 뭐 일주일도 있다가 4박 5일도 있다가 뭐 2박 3일도 있다가 그러지요.

면담자   그리고 한번 올라왔다가 또 내려가시고. (동영 아빠 : 예) 그때 거기 진도에 계속 나가 계신 분들하고 이쪽 안산에 계신 부모님들하고 의견이 조금 다르다거나 서로 약간 서운하거나 이런 건 없으셨나요?

동영 아빠   있었지요, 당연히.

면담자   어떤 대목들이 그랬나요?

동영 아빠   처음에 인제 약속을 어떻게 했냐면 "애들 올라오면 다 보내지 말고 팽목에다가 안치해 놨다가 한꺼번에 [장례를] 다 하자" 그랬거든요.

면담자　　처음에요?

동영 아빠　　예, 그 약속이 인제 어겨지고…. 그리고 수시로 집행부나 우리 가족들이 많이 와서 좀 같이 으쌰으쌰 해주고, 경찰들 대하고 하는 거예요. (면담자 : 올라간 분들이 자주 내려와 주고) 예. 그런 점이 인제 시간이 조금 조금씩 흐르다 보니까 몇 명 안 남고 그러다 보니까…. 물론 위에 일도 많이 있고 하기 때문에 그랬을 거예요. 그런데 그게 인제 진도에 있는 가족들은 '좀 서운하다' 그랬지요.

면담자　　아버님은 그런 서로의 입장 차이 가운데 계시는 입장이셨을 텐데, 어떻게 좀 중재를 하셨나요?

동영 아빠　　힘들었지요. 왜 그러냐면 우리보다 진도에 있는 가족들이 더 심경이나 마음적으로나 신경[이] 곤두서 있었으니까. 그 사람들도 그렇다고 해서 제가 가서 어떻게 이래라저래라 뭔 말할 그것도 안 되고, 참 이 눈치 저 눈치 보느라고, 그게 좀 마음이 좀 아팠지요.

면담자　　진도에 계신 분, 가족분들이 싫은 소리 하시면 아버님은 대체로 들어주시는 편이셨나요? 아니면 좀 어떻게 설득을 좀 하시는 편이었나요?

동영 아빠　　아예 그런 거는 없었어요. 뭐 걔네들이, 가족들이 저한테 뭐 싫은 소리 하거나 그런 거는 없었어요.

면담자　　　아, 그냥 이제 분위기와 눈치로. (동영 아빠 : 예) 굉장히 어려운 위치셨을 거 같아요.

동영 아빠　　　진도 계속 왔다 갔다 하고 하면서 조금 몸이 쇠약해졌었지요.

면담자　　　신경도 많이 쓰시고 몸도 힘드시고…. 그렇게 왔다 갔다 하시면서 진도분과위원장 맡으신 게 언제까지셨어요?

동영 아빠　　　12월 말일까지 했지요, 제가.

면담자　　　그러면 직장 관계랑 시기가 맞물릴 거 같은데요. 합격 통지받으신 게 벌써 4월인데 회사 쪽하고 내가 언제부터 출근하겠다, 이런 협상은 언제쯤 했나요?

동영 아빠　　　미리 얘기를 했지요, 저는. 나 언제까지만, "한 12월 늦어도 중순까지만 해야 되겠다"[고 미리 이야기를 해두었어요]. [진도분과장 하겠다고 얼른 나서는 사람이 없으니까. 그래 갖고 인제 12월 말일까지, 타종 행사에 광주까지, 그날 마지막으로. "광주까지 한 사람 와야 된다" 그래서, 갈 사람이 없대 거기도. "야, 나 내일모레부터 일해야 되는데 그거 갔다가 언제 하냐?" 그랬더니 "이것까지[만] 갔다 오라"고 [해서], "알았다. 마지막으로 그럼 갔다 오마". 그리고 또 날씨가 엄청 춥더라고요. 그래서 타종 행사 하고 광주시에서 또 마련해 준 숙소에서 자고 왔지요.

면담자　　　왜 광주 타종 행사를 가셨나요?

동영 아빠   거기서 가족 한 분을 초청을 하셨어요. 그래 가지고 갔다 오게 됐지요.

면담자   대표로 가신 거군요. (동영 아빠 : 예) 다른 지역에서도 이렇게 초청한 데가 있나요? 그때.

동영 아빠   타종 행사 때는 다른 지역은 모르겠어요.

면담자   말씀 주신 김에, 이렇게 지방자치단체에서 공식적으로 부모님들을 초청하신 적이 있나요?

동영 아빠   없어요. 다 시민 단체 애들이 해서 간담회 하고 했지 지방자치단체에서는 없었어요.

면담자   그러면 시민사회단체 말고 어떤 개인이나 이런 분들은 누가 기억나는 분이 계신가요? 뭐 예전에 보니까 김제동 씨나 뭐 이런 연예인들이 도움 주고 한 적 있다고….

동영 아빠   예. 김장훈 씨, 그리고 또 이승환인가? 가수 그분들이 진도에도 오시고 분향소에도 오시고, 참 고맙고 감사하더라고요.

면담자   잠깐 그러는 게 아니라 꾸준히 그렇게 하지요?

동영 아빠   예. 지금 김제동 씨는 저번 달 며칠이야? 그때도 같이 얘기 나누면서 식사 자리 한군데 마련해 와서 거기서 했고, 계속 끝까지 한다고 약속을 해주시더라고요.

면담자   많이 힘이 되지요?

동영 아빠   그렇지요. 그게 왜냐면 그분들이 이렇게 연예인이라
도, 이렇게 진짜 다는 아니더라도 그렇게 몇 분 몇 분씩 어울려 다
니면서 그렇게 해주면 저희들한테는 큰 힘이 [되지요]. 왜냐면 저희
일을 완전히 더 알리는 데, 말로 표현이 잘 안되네(웃음), 확 얼른
퍼질 수도 있고. 그리고 또 국민들도 쉽게 그 사람[이] 저런 얘기 하
면 '아, 그랬었구나' [하고] 또 믿거든요. 그래서 참 그런 게 좋았었
는데 정부에서 그것도 통제를 막 [했지요]. 김장훈 씨 가진 게 뭐 있
어요? 뭐 빚 내가지고 뭐 하고 공연해서 갚고 그랬다는데, 세무조
사 들어가고 뭐 하고… 진짜 이거는 아니에요, 진짜 우리나라는.
전에도 그런 일 있었지마는, 김제동 씨가 한참 잘 나가다가 노무현
대통령 선거운동 그거 때문에 관두게 됐잖아요, 그게 참(한숨).

면담자   이어서 농성투쟁에 대해서 좀 여쭈면요, 광화문에
천막을 치고 계속 거기서 활동을 하시고요, 그다음에 청운동하고
이렇게 오가면서 활동하셨잖아요. 아버님은 주로 어느 쪽에서?

동영 아빠   가면 청운동 먼저…. 가면 청운동에 있다가 또 광화
문도 가보고 [했어요], 그 거리가 걸어서 한 25분, 30분밖에 안 되니
까. 또 광화문에 먼저 오면 광화문에 있다가 또 청운동으로 가고
그랬었지요, 가는 데마다 인제 경찰들이 꽉 쌓여 있었지만.

면담자   청운동에서 경찰이 유가족들을 촬영하는 걸 아버님
이 한번 잡아낸 적이 있다고 하셨던 것 같은데 어떤 상황이었나요?

동영 아빠   그때 누가 왔었나? 우리 반 순범이 엄마하고 거기서

약주를 좀 했어요, 밥 먹으면서. 밥 먹으면서 하다가 5반 누구 엄마가 조금 말투를 좀 부드럽게 했으면 되는데 순범 엄마한테 말을 좀 억세게 듣기 거북한 식으로 말을 했는데, 거기서 순범이 엄마가 좀 신경질이 난 거지요. 그러다가, 인제 다 정리해 놓고. (면담자 : 엄마들끼리 언성이 높아졌나 보지요?) 예. 그러다 인제 순범 엄마가 속상하니까 막 소리 좀 지르고 그랬거든요. 그리고 인제 좀 잠잠했어요. "자, 자. 그만하고" [하고서는] 저도 잠자리 보려고 똘레똘레 하고 있는데, 우연찮게 딱 쳐다보니까 [경찰이] 이렇게 찍고 있더라고요, 스마트폰으로. 그래 가지고 뺏어가지고 집어던져. 살짝 집어던져 갖고 복원을 해서 그거를 뺏어야 되는데 너무 세게 던져갖고 다 부서져 가지고 복원을 못 하고.

면담자   근데 그 사람이 경찰이라는 건 어떻게 아셨어요?

동영 아빠   경찰복을 입고 있었어요. 예, 경찰복을 입고 있었어요.

면담자   계속 감시하고 있다고 봐야 되는 거군요.

동영 아빠   그렇지요. 그리고 바로 앞에 횡단보도에 CCTV가, 카메라가 있었거든요. 그걸 우리 쪽으로 돌려서 청와대가 보게끔 만들어놨더라고요. 우리가 그걸 항의를 했지요. 그랬더니만 잠시 또 한쪽으로 또 돌려놓더라고요, 참….

면담자   별일이 다 있네요. 단식을 오랫동안 하신 적이 있잖아요. 그때 아버님도 같이 하셨나요?

동영 아빠   저는 당뇨 때문에 하지 마라고…, 하고 싶었는데 못
하게 했어요.

면담자   그때 단식할 때는 분위기가 또 좀 달랐을 거 같은
데요.

동영 아빠   그렇지요. 조금 침울하다고 해야 되나, 그런 분위기
도 있었고요. 진짜 엄마, 아빠들이 뭘 하든 어떻게 해서 애들 이걸
밝혀내야 되기 때문에 그렇게 했었지요.

면담자   뭐라도 하려고 하시는 거지요. (동영 아빠 : 예) 또 나
중에는 유가족들이 삭발도 하셨죠?

동영 아빠   예, 삭발해 가지고 또 애들 영정 들고 한 번 더 갔지
요. 저도 바로 일 한 30분 [먼저] 얼른 끝내놓고 와서 같이 광화문으
로 [함께 행진했어요]. 그때 머리도 깎고 그랬는데….

면담자   그때 같이 깎으셨어요? (동영 아빠 : 예) 그래서 지금
좀 짧으시군요.

동영 아빠   그래도 몇 번 다듬고 했습니다(웃음).

면담자   그때도 참 참담하셨겠습니다.

동영 아빠   그러지요. 걸어가면서 눈물 흘리고, 상복 입고 참 아
이고…….

면담자   그런 투쟁들을 계속할 수밖에 없는 이유라면 '진상
규명이 안 되니까' 이렇게 느껴지는데, 그게 맞나요?

동영 아빠   그렇지요, 모든 건 [다 진상 규명을 위해서지요]. 더군다나 더 국민들한테 이슈화를 시키려고 그런 거지요, 더 많이 알리게끔. 하여튼 그런 거 저런 거를 SNS [같은 거를 통해서], 조금만 통해서만 나오고, 종방[종편]이나 뭐 큰 언론사들은 안 나오니까, 그걸 다 통제를 했으니까 그렇지요.

면담자   어머님들끼리 좀 속상하게 다투는 일도 있고, 진도하고 안산하고 의견이 좀 서로 다른 것도 있고, 이런 크고 작게 의견이 좀 다른 점도 있지만 그래도 가족대책위 중심으로 모두 힘을 합쳐 쭉 왔다고 봐야 되겠지요?

동영 아빠   예, 그렇습니다. (면담자 : 어쨌거나 가족대책위 중심으로) 예. 그때는 많이들 가족들이 모이고 "뭐 어디 가서 이렇게 하자" 하면 했었는데, 지금에 와서 생각해 보면 그때가 제일 힘도 더 났었고 왕성하게 활동한 시기였었지요. 지금은 인제 시간이 흐르다 보니까, 정부에서 흔드는 게 그거예요, 돈 갖고 흔드니까. 언론에 또 그런 거는 빨리 퍼트려 가지고, 그러니까 일반 시민이나 그런 분들은 "아, 쟤네들도 저렇게 하는구나" [하고 잘못 인식하는 거예요]. 전에 신문에 어떻게 나왔냐면 "12억 5000만 원을 가족한테 준다" 그렇게 나왔는데, 그거를 3으로 나눠야 되거든요, 나눠야 되는데….

면담자   3으로 나눈다는 게 무슨 말씀이지요?

동영 아빠   3으로 나눈다는 게 그게 총, 뭐야….

면담자   아, 여행자보험과 국민성금 등의 항목으로 나뉘어 있다는 말씀이신가요?

동영 아빠   예, 그렇게 해서 나눠야 되는데… 그래야 4억 얼마가 되는 거예요. 그것도 절대 국민의 세금이 안 들어간 거고, 국민 성금에다가 여행자보험 합친 거에다가… 그거뿐이에요. 정부의 뭐 위로금 얼마씩 나오고, 그거 다 해서 4억 얼마인데…. 무조건 얼른 무마시키려 그러는 거예요, 어떻게 하든지 이 정권[의 잘못을 밝히지 않고 그냥] 넘기려고. 그니까 우리가 그걸 받아들이나요? 지금 저희가 한부모 가정이 상당히 많아요. 그래서 그분들은 물론 생활고도 있고 하기 때문에 [배·보상금을] 미리 신청해 갖고 받을 수 있어요. 그거는 다 이해하지요. 이해하는데, 지금도 28일까진가? 이번 달 28일까진가 그거 [배·보상] 신청을 다 받는대요. 아직도 중간에서 이렇게 할까 저렇게 할까 망설이는 사람 상당히 많아요. 지금 거의 한 140가정? 그렇게 신청을 했어요. 아니 신청이 아니라 소송[에 참여했어요].

면담자   소송이요? (동영 아빠 : 예) 소송은 어떤 소송이에요?

동영 아빠   민사소송, 정부 상대로.

면담자   정부에 보상금을 받는 게 아니라 정부를 상대로 소송을 걸었다는 거지요?

동영 아빠   예. 왜 그러냐면 그 소송도 우리가 돈, 뭐 돈을 [더] 받고 [하려고] 그래서가 아니라, 일단 소송을 걸게 되면 증인들이 나오고 그러다 보면 증거 뭐, 증거도 나올 것이고…. 뭐라도 하나 밝히기 위해서 그렇게 소송을 거는 거지요.

면담자   재판으로 세월호 얘기들이 계속 나오고, 증인이나 증거가 더 나오고 이러길 바라시면서….

동영 아빠   예. 지금도 뭐 증거들도 많이 나와 있지마는 또 재판정에서 하는 증거와 현지에 나와서 언론에서 살짝 떠드는 증거하고 또 틀리거든요. 그래서 소송하자고 [뜻을 모은 거예요].

면담자   그러면 140가정이 개별적으로 다 소송을 건 건가요?

동영 아빠   단체로 한 거지요.

면담자   그러면 나머지 분들은 동의를 안 해주신 거고요?

동영 아빠   그게 변수가 있어요. 지금 [보상금을] 신청해 갖고 받은 사람도 있어요, 있기는. 그 중간에 망설이는 사람도 많이 있지요, '어떻게 해야 될까'. 그래서 지금 우리 소송 담당 변호하는 데서, [소송]하는 쪽으로 [문의] 전화가 많이 갔대요. 그 사람들은 될 수 있으면 소송으로 가려고 그렇게 짐작을 하고 있지요.

면담자   아버님은 어떻게 하셨어요?

동영 아빠   저는 소송 냈지요.

면담자   예. 저희가 알고 있기로 가족분들께서 보상 금액이 얼마라고 얘기한 게 없다고 알고 있는데 그게 맞나요?

동영 아빠　　그렇지요. 그런데 먼저 터트린 게 정부에서 터트린 거지요.

면담자　　그런 거지요? (동영 아빠 : 예) "얼마네, 얼마네" 이러면서.

동영 아빠　　그리고 이게, 물론 우리가[우리 아이들이] 미성년자니까, 그러니까 뭐 계산하는 범위 [같은 것이 있겠지만] 우리는 그런 건 솔직히 모르겠어요.

면담자　　모르지요. 일반인들이 뭐 그걸 어떻게 알아요, 배상액 산정 이런 걸.

동영 아빠　　예. 쉽게 말씀드리면 원래 도로교통법상에도 13세 이하 어린이는 부모가 꼭 데리고 다니게 돼 있거든요. 거기에 따라서 그러는지 몰라도…. 그러나 얘네들이 안 죽고 어른이 돼서 그중에 진짜 우리 동영이처럼 공무원도 되고 장관도 될 수 있고 국회의원도 될 수 있고 다 있잖아요, 그거는. 그런데 그렇게 [낮은 기준으로] 산정을 했더라고요, 이 사람들이 보니까. 그래도 일반 사람들은 [일반인 희생자들은] 사업하다 그러고 뭐 했으니까 조금 더 상계해서 준 모양인데, 그런 건 우리는 생각지도 않고요. 오로지 그냥 진상 규명, 진실을 밝혀야지.

면담자　　그러니까 "배상금 책정 방식도 문제라고 생각하지만, 그래서 얼마, 얼마, 이런 건 중요하지 않고 진상 규명이 더 중요하다", 이렇게 말씀하신 거지요?

동영 아빠 김재만

동영 아빠	제가, 저도 그랬거든요. 그래서 그 문제 때문에 우리 반, 다른 반은 몰라도 우리 반한테는 제가 "1억 받은 걸로 일단 쓰고 있다가 국민 성금 뭣 해갖고 그거 좀 더 받아갖고 그거 갖고 버티자" 그러면서 "소송을 가자" 그랬거든요.
면담자	1억은 무슨 돈으로 쓰시려고요?
동영 아빠	그게 여행자 보험이지요, 학교에서 들어놓은 거.
면담자	아, 여행자 보험. 그거는 우선 지급이 됐군요.
동영 아빠	그렇지요. 저는 그대로 지금 통장에 있습니다. 참, 그것도 찾으러 가는데 얼마나 눈물이 나는지⋯.
면담자	정부에서 보상금 문제 흘릴 때마다 힘드시겠습니다.
동영 아빠	힘들지요. 왜 그러냐면 굳이 저렇게 안 해도 되는데 일부러 그렇게 만드는 거예요, 지금. '얼른 돈 몇 푼 줘서 그냥 끝내자' 그런 식이거든.

3
진상 규명 활동의 어려움과 가족들의 아픔

면담자	광화문 천막에서 단식하실 때 몰지각한 사람들이 그 앞에서 (동영 아빠: 일베들) 폭식 행동도 하고 뭐 그랬던⋯.
동영 아빠	그렇지요, 싸우기도 많이 싸우고. 인제 그래도 경찰

이 주변에 많이 있기 때문에 솔직히 우리는 거리낄 게 없지요, 잡혀가면 잡혀가고. 진짜 환장하지요, 그런 때는. 모르겠어요, 그것도 일베 같은 놈들도 어떻게 보면 국정원에서 만들어놓은 놈들이 [아닐까 하는 생각도 들고]. 진짜 더러운 새끼들…. 어머니부대, 어머니부대는 조금 떨어져 가지고 시청 앞에 거기서 조금 하고 그랬었는데, 진짜 그거는 아니지요.

면담자　　　　그런 이야기를 지금 왜 여쭤보냐면 지난 1년 동안 쭉 그렇게 거리에서 싸워오시면서 화나셨던 일들이 많을 텐데 어떤 일들이 아버님을 많이 화나게 했는지 여쭈려고 했던 거예요.

동영 아빠　　　교수님 말씀하신 대로 일베 걔네들 와서 뭣 하고, 또 오뎅 비유해서 얘기하고, 참 그랬을 때는 잡아다가 진짜 죽이고 싶었어요. 진짜 죽이고 싶었어요.

면담자　　　　서로들 이렇게 참으신 거지요?

동영 아빠　　　많이 참았지요, 진짜.

면담자　　　　서로 "흥분하지 말자" 하고 다독이면서….

동영 아빠　　　물론 위에서 경찰한테 어떤 지시를 했는지 모르겠지만, 우리가 진짜 폭력자들도 아니고, 옛날 민노총이나 그분은 쇠파이프 들고 싸우고 [그랬지만 우리는] 그런 것도 아니고, 우리는 맨손으로 소리만 지르거든요. 그런데 경찰들 와서 차벽 쌓고 하는 거 보면, 경찰이 불법 저지르고 우리보고 불법이라고 그러니 잘못된 거지요. 경찰들도 고생은 많이 하는 줄 아는데 내용을 그렇게 심하게 하니까 진짜….

면담자 　　경찰들 입장에서는 "가족분들을 보호하려고 그런다"
는 설명도 하던데 그렇게 느끼시나요?

동영 아빠 　　보호는 무슨 보호예요, 그게 청와대 못 들어가게 막
는 거지. 설령 저희가 청와대를 들어가도 대통령을 멱살 잡고 어떻
게 뭐 하겠어요, 어쩌겠어요? 일단 들어가면 [대화로 풀 텐데], 못 만
나니까, 말로는 "언제든지 찾아오라" 해놓고는 그런 식으로 하니까
화가 더 나지요.

면담자 　　대통령이 맨 처음에 진도 내려왔을 때는 아버님도
봤다고 그러셨지요?

동영 아빠 　　예, 그렇지요.

면담자 　　그다음에 기자회견 하면서 "해경 해체한다" 그럴 때,
그때 그 기자회견에 대해서는 어떻게 생각하셨어요?

동영 아빠 　　손바닥으로 하늘 가리는 거지요. 해체하려면, 지금
제주도 해경 있잖아요, 아예 싹 없애버려야지. 차라리 국민안전처
면 안전처로 해가지고 그거 뭐 소방공무원이든 뭐든 어쩌고, 새로
국민 안전에 대한 그런, 참사 때 즉각 투입할 수 있는 그런 거를 만
들어야 되는데, 해양경찰[은] 지금 그대로 있어요. 그건 말이 안 되
는 거지요. 언론에만 그렇게 나가는 거지요.

면담자 　　그냥 책임 전가하듯 조직 이름만 바꾸는 식일까요?

동영 아빠   그렇지요. 해경이 지금 분산이 돼가지고, 분산은 시켰어요. 그러나 그 조직이 육경으로도 가고 또 다른 지방으로도 가고 많이 그랬거든요.

면담자   '진정한 책임도 아니고 그냥 눈 가리고 아웅했다' 이렇게 생각하시는군요. 그 뒤에 대통령이 가족분들하고 청와대에서 식사하면서 이야기했던 때가 있었지요?

동영 아빠   그때 저는 못 갔습니다.

면담자   그때는 못 가셨어요? (동영 아빠 : 예) 그때 참석했던 다른 가족분들 말씀을 들으셨을 텐데 그때는 반응이 어떠셨나요?

동영 아빠   그때는 그냥, 진짜 거짓말 아닌 줄 알았지요. 내가 듣기로는 거짓말 아닌 줄 알고….

면담자   눈물도 다시 보이면서.

동영 아빠   예. 7반 수빈이 엄마인가? 그때 [대통령이] 안고 이렇게 뭣 했는데, 그거 다 가짜란 거야.

면담자   다 가짜라는 건 나중에 보시면서 그렇게 얘기하는 거고 그 당시에는 '그래도 대통령이 끝까지 할 건가 보다' 이렇게 기대를 하지 않았나요?

동영 아빠   그렇지요. 얘기는 그런데, 시간이 지날수록 얘기는 뭐 [하나도 지키지를 않았으니까].

면담자   나중에 국회에 계실 때 대통령이 왔다가 가면서 눈

길도 안 줬다고 보도가 된 적이 있는데 그때 있으셨나요?

동영 아빠   예. 그때 3중, 4중으로 막을 쳤어요, 경찰하고 또 경호원으로 해서. 진짜, 진짜 인간이라면 한번 슬쩍 그냥 곁눈짓거리라도 하고 갔을 텐데 전혀 그런 게 없었어요. 그리고 우리가 특별법 만들 때도 7월 17일인가? 그때 국회에서 행사를 했거든요, 제헌절 날. 그래 외국 대사관 뭐 외국인들[이] 많이 오시더라고요. 그런데 그분들은 다 가는데 여당 의원들은 전혀 (고개를 한번 가로저음). 우리는 거기서 또 [세월호에 대해] 알리죠, 서투른 영어 뭐 몇 마디씩 하고.

면담자   그래도 아까 몇몇 연예인들 얘기도 나왔는데요. 그런 힘겨운 상황에서 그래도 아버님께 혹은 가족분들에게 위안이 됐다거나 힘이 되었던 그런 집단이나 사람이나 한번 쭉 회고해 주셨으면 좋겠어요.

동영 아빠   물론 그분들, 연예인 분들, 김장훈 씨, 김제동 씨, 이승환 씨, 그리고 영화계 쪽으로는 그래도 인제 말 한마디라도 나온 분들이 영화배우 김혜수, 송강호, 200명인가 몇백 명 그 정도, 그분들이 있고. 개인적으로 이렇게, 우리는 그렇게 많이 대하지는 못했어요, 다 단체별로 많이 대했으니까. 그리고 제가 진도에 내려갔을 때 5·18 겪으신 분, 피해자인데 그분이 와서 자원봉사를 하시면서 "절대 정부에 농락당하지 말고 가족끼리 진짜 똘똘 뭉쳐야 된다", 그 말씀을 해주시더라고요. 그런 얘기를 해도 자기들도 알지요. 내 새끼 그래 갖고, 알면서도 처음에 진짜 잘 뭉쳤지요. 그러다

시간이 지나니까 자꾸 이게 그냥 말을 만들어내지를 말아야 되는데 말을 자꾸… 이 사람은 이 말 듣고 와서 또 얘기하고, 말을 하다 보면 자꾸 부풀려 갖고 얘기를 하니까 그래서 와해가 좀 된 거 같아요. 그래도 회의[총회] 때 나오면 178명, 한 130가정, 140가정은 나오는 거 같더라고요.

면담자　　　절반 이상은 그래도 나오시네요.

동영 아빠　　예, 그렇게만 되면 되지요.

면담자　　　네, 그럼요. 어떤 조직이든 그러기가 쉽지 않지요.

동영 아빠　　지금 그래서 우리가 전에 그분들, 피해자들, 대구지하철이나 저기, 춘천 대학생들, 붕괴돼 가지고. (면담자 : 경주 쪽 아니었나요?) 거기가 경주인가? 무슨 리조트였지, 거기가[경주 마우나오션리조트]. 한화리조트인가? 엘지(LG)에서 지었다는 거 같은데. 거기 그 춘천[부산외국어대학교] 대학생[피해자]들 그 엄마들하고, 그리고 또 저기, 옛날에 씨랜드 사건 아시지요? 그분들, 또 [태안] 해병대 캠프 갔다가 죽은 그분들[유가족들]하고 많이 교감을 했어요. 그런데 물론 우리도 시간이 더 흐르면 어떻게 뭉쳐질지는 모르지만 대구지하철 같은 경우는 뭉치지는 못하고 서로 뭣하기 때문에 아직도 한 100억인가 시청에 있대요, 돈이. 추모공원 만들고 추모비 만들라고 하는데 서로 의견들이 안 맞으니까 그대로 이제, 어떻게 될지도 모르고…. 그래서 "가족분들은 어떻게든 똘똘 뭉쳐야 된다"고. 그리고 또 밀양 송전탑 할머니들, 그분들도 여기까지 오셨거든요. 진도도 오시고 여기 안산에도 오셨거든요. 참 그분들 생각, 그 분들은 더 우리보다 연세도 많잖아요, [근데도 정부에 맞서] 그래 싸 우시고….

면담자   얼마 전에 그 할머니 중 한 분한테 실형을 내렸다던 데, 법원에서.

동영 아빠   그 소식을 못 들었네요. 제가 어지간하면 소식을 다 접하거든요.

면담자   네. "먼저 비슷한 경험하신 분들이 직접 와주셔서 교 훈을 얘기해 주실 때 고마웠다"는 말씀이시지요.

동영 아빠   그렇지요. 너무너무 감사하고 힘이 많이 됐었지요.

면담자   그분들 이렇게 뵈면 처음에 눈물부터 나실 것 같아요.

동영 아빠   아이고, 혼났습니다, 진도에 있을 때도 그래 가지고.

면담자   그런 분들이 주로 해주시는 말씀이 "가족분들끼리 잘 단합하라"는 것인가요?

동영 아빠   "건강하게, 건강해야 되니까 일단 먹으면서 하라"고.

면담자   마침 또 그 말씀을 하시니까, 이게 시간이 지나면서 가족분들 중에는 스스로 목숨을 끊은 분도 계셨잖습니까?

동영 아빠   목숨을 끊은 분은 아니고…, 자살[하려] 한 학생들인 데, 학생이 자기 친구들이 그렇게 됐으니까 그게 인제 뭐라 그러나, 정신적인 트라우마가 와가지고 그렇게 된 건데…. 자살하려고 했던 거는, 솔직히 그렇지요. 애 하나 있는 사람들[부모들], 우리 반에는 현철이가 하난데, 현철이 하나, 재능이 하나, 몇 명 있어요. 솔직히 그렇거든요. 뭔 낙이 있겠어요? 걔들 바라보고 여태까지 돈 모으면서 열심히 일하면서 살았는데 낙이 없으니까 그렇게 인제 자살하려고 그런 시도도 하고 그랬었지요. 그리고 또 병으로, 치료해야 되는데 치료를 못 하고 번져서, 암 같은 게 번져서 돌아가신 분 있고. 두 명인가 될 거예요. 그분들이 자살한 게 아니고.

면담자   시도를 하신 분이 계셨었군요, 참. (동영 아빠 : 네) 어떻게 좀 그렇게 심기를 회복하셨나요, 그분들은?

동영 아빠   그렇지요, 누구 말대로 시간이 지나면 뭐 어쩐다고 조금씩 [좋아지고 있지요]. 그래도 직장 못 나가고 있으면서 밖에 출입을 못 하는 사람이 아직도 있어요, 엄마들도.

면담자   왜 그럴까요?

동영 아빠   글쎄요, 그거는 저도 모르겠습니다. 정신적인 트라우마하고, 그러니까 대인공포증이라고나 할까요, 그런 게 있는 거 같아요.

면담자   그래서 거의 밖에 출입을 안 하시고.

동영 아빠   예, 그리고 어쩌다 한 번씩 와서는, 그러니까 서로 잘 모르는 거지요. 저는 그래도 진도만 인제 활동하고 다니면서 많은 사람을 아는데, 가족들도 많이 아는데…. 우리 반 중에도 있어요, 일 안 나가면서도 활동도 안 하고 그냥 [집에만 있는 분들이]. 안타깝더라고요, 어떻게 보면. 그래 가지고 집에 있으면 안 되거든요. 지금 우리가 뭐 트라우마 그런 거여서 뭐, 어디 뭐 의사 선생님이나 그런 정신과 그쪽 분들이 와서 아무리 무슨 얘기를 해도 안 들리지요, 현재. 모르겠어요, 현재까지만 해도 같은 가족들이 얘기하고 서로 말하다가 울고 그런 게 좀 더 필요하지…. '이웃'도 있고 뭐 '온마음센터'도 있고 '우리함께'도 있고 몇 군데가 있습니다. 그런데 저도 온마음센터는 몇 번 갔었어요. 거기서 안마도 하고, 인제 일하면서 처음에 힘드니까 몸 풀러 가고 했는데, 네 번 갔나, 다섯 번 갔나? 정식으로 간 거는 그것밖에 안 돼요. 거기 가면 마음이 이상하더라고요, 그게. 자꾸 애 생각이 더 나는 거 같고 그래서 '여기 오면 안 되겠다' 싶어서 안 갔지요.

면담자   지난번에 말씀하실 때 둘째한테 한 번도 안 물어보셨다 그랬잖아요. 그것도 사실은 조심스러워서 못 물어보시는 거지요?

동영 아빠   그렇지요. 그 얘기 물어보다가 또 서로 부둥켜 울고 뭐 할까 봐 도저히 그거는 못 하겠더라고요. 스스로, 좀 더 시간이 지나야지요.

면담자   형제들도 시간이 갈수록 더 힘들어지는 형제들도 있다고 들리더라고요.

동영 아빠   그래서 전에 학생 하나가 확 정신분열? 완전히 그런 건 아닌데 그런 비슷한 증세를 보이면서 (팔목을 긋는 시늉을 해보이며) 여기 긁고 약 먹고 자살[하려괴 한 그런 학생 있었지요.

면담자 서로 배려하고 돌보는 일이 많이 필요할 거 같아요.

동영 아빠 예. 제가 이제 거기에 덧붙여서 말씀을 드리면 저도 어디 모임이나 사회 이런 그런 걸 많이 다니면서 재밌게 어울려서 놀고 그랬었거든요. 그러니까 제가 김밥집, 사고 터지기 전 김밥집 할 때까지만 해도 참 즐거웠었어요. 뭐 친구나 지인들 경조사는 제가 안 빠지고 또 다녔었어요. 그런 데 가서 친구 얼굴 보고 한잔하고 어디 모임 가서 노래 부르고 재밌게 놀고 뭐 운동도 하고 그랬었는데, 지금은 가면 재미가 없어요. 왜 그러냐면 우리 친구들도 그렇고 아는 사람들도 그렇고 말을 하기가 좀 거북스러워요, 어렵고. 그래서 서로 눈치 보는 거예요. 그러니까 재미가 없는 거지요.

면담자 그러실 거 같아요. 어떤 분이 그러시더라고요. "웃으면 웃는다고 뭐라 그러고 또 가만있으면 쟤 때문에 무겁다고 그러고".

동영 아빠 우리 시골 친구들이 참 재밌어요. 만나면 일단 사투리부터 쓰면서 욕부터 하기 시작하는 거예요, 친구들이니까. 그랬는데 인제는 그런 것도 안 돼요.

면담자 그 친구들마저도. (동영 아빠 : 예) 아버님 쪽에서도 그러시고 그 친구분들 쪽에서도 그러시고….

동영 아빠 예. 가끔 어쩌다 한 번씩 전화해서 농담도 하고 내가 일부러 먼저 욕하는 때도 있는데, 그거 잠깐 하다가 마는 거지요.

면담자   전 같지가 않으시겠지요.

동영 아빠   예. 지금 안산에도 우리 중학교 동창들이 여섯 명, 여섯 명보다 더 여덟 명인가 되는데 여섯 명만 모여요, 둘이 안 나오니까. 김밥집 할 때도 내가 주선해 가지고 수시로 뭐 일주일에 두 번이고 뭐 만나서 이야기 나누고 한잔하고 또 노래방 가서 놀다가 그랬거든요. 내가 딱 그러고 나니까 이게 잘 안되는 거라. 저도 같이 뭣하면 술 한잔해도 가서 그냥 한잔 먹고, 그냥 먹어버리고 술만 마시다 오고… 재미가 없어요. 그러니 사회성이 떨어지지요.

면담자   아버님 같이 낙천적이고 활달하신 분도 그러실 텐데.

동영 아빠   진짜 저는 낙천적으로 살았었지요.

면담자   어머님은 좀 어떠세요?

동영 아빠   지금 뭐 전에, 제 친구가 한화생명 다니거든요, 거기 몇 개월 다녔었어요. 다니다가… (면담자 : 참사 이후에요?) 예, 참사 이후에. (면담자 : 사회생활 해보시려고) 예, [친구가 "동영 엄마 일 시작하면 어떨까" 하고 그 얘기를 하더라고요. "알아서 해라. 니가 잘 꼬셔가지고, 친구니까. 집에만 있으면 뭐하니까 그냥 니가 데리고 다니면서 좀 해라" 하고 [말했어요]. 석 달 다녔나, 넉 달 다녔나, 인제 올해 4월 달, 석 달 정도 다녔나 보다. 4월 1주기 그 무렵부터 안 나가기 시작해서 이제 안 나가는 [상태예요]. 집사람 하는 얘기가 그래요. 물론 그러지요. 우리보다 다른 사람들이 더 많으니까 거기서 서로 뭔 일 있으면 웃고 깔깔대고 그러기 싫다는 거지요.

면담자   일상으로 돌아오시기가 참 힘드시군요. 우리 같은 사람이 생각하지 못할 여러 가지 상황이 있네요.

동영 아빠   예, 그렇습니다. 이제 술 한잔 먹고 와도 저는 아예 취해갖고 잠들어요. 술도 잘 안 취하더라고. 그냥 술만 계속 더 먹게 되지요. 요즘, 요 근래에 좀 덜 먹는 편이에요.

면담자   아버님이 건강하셔야지요.

동영 아빠   그래야 되는데 자꾸…. 전에는 진짜 운동도 열심히 하고 했었는데, 산에도 많이 다니고. 분식집 하면서 산악회 가서 산에도 많이 다니고…, 그게 좋더라고요. 회비 3만 원씩 내고 가는데 혼자 차 끌고 와서 갔다 오려면 그 비용이 더 들거든요. 그러면 여러 명이 어울려서 또 노래도 부르면서 같이 산에 올라갔다 내려와서 또 한 잔씩 하고. 참 그런 게, 저는 그런 게 좋더라고요, 몸도 챙기면서. 물론 산에 갔다 와서 술 같은 거 안 먹어야 되는데(웃음), 또 이렇게 하니까 "운동 했으니까 또 먹어야지" 하는 거지요. 그런 게 좋았었는데….

면담자   그런 것도 점점 줄어드시는 거지요.

동영 아빠   예, 가면 혼자 가게 되고, 뒷산이라도 혼자 가게 되고.

면담자   어머님이 김밥집을 그만하신 거는 참사 이후에 바로 그러셨나요?

동영 아빠   그렇지요, 사고 난 날 그때부터 그만뒀지요.

면담자   일을 하실 수가 없으셨겠지요.

동영 아빠   그날 아침에 김밥 주문이 좀 들어왔었어요. 얼른 그거 해놓고 점심 준비하고 뭘 하는데 소식을 접하게 된 거지요.

면담자   그 뒤로는 일을 못 하시게 된 거겠네요.

동영 아빠   예, 전혀 뭐. 난 뭣해갖고 "좀 더 하자" 저는 그랬거든요. "그럼 자네는 이걸 하고. 나는 이거[환경미화원으로 직장] 다니니까 괜찮다". 그리고 아들내미가 학교 갔다 오면 "배고파요. 뭣 좀 해주세요" [하면] 뭐 돈가스라든가 김밥을 싸거나 그러거든요. 그게 인제 못 하니까 힘든 거예요.

면담자   그 생각 나니까. (동영 아빠 : 예) 건강은 괜찮으시고요?

동영 아빠   아직은 괜찮습니다. 겉보기에는 괜찮은데, 술을 진짜 전보다 덜 먹어야 되는데, 담배도 끊고 해야 되는데.

면담자   어머님하고 아버님하고 두 분이 앉아서 이렇게 약주를 하기도 하세요?

동영 아빠   전에는 그렇게 했었어요. 그다음엔 잘 안 먹더라고요. 그거는 오래됐는데, 참사 이전에도. 그전에는 한 석 잔씩 소주도 마시고 그랬거든요. 그런데 어느 순간 또 안 먹더라고요, 맥주 한두 잔 먹고 말고. 저는 그런 것이 좋거든요. 부부끼리 앉아서 같이 한잔하면서 얘기도 하고 그래야 되는데 그런 게 없어요. 우리가 워낙 또 말수가 없어가지고(웃음).

면담자   가족대책위 활동에 어머님도 나오시나요?

동영 아빠   예, 행사 있을 때마다 가고, 광화문이든 어디 뭐 다른 지방이건 같이 [가고] 또 반 부모끼리 움직일 때는 또 움직이고 그러지요. 노래도, 우리 4·16[세월호참사]가족협의회 그 노래, 합창단이 있어요, 거기도 가고.

면담자   아유, 다행이시네요. 지나온 한 1년에 대해서 여쭙고 있는데요, 아버님께서 여러 가지 활동 하신 중에 가장 아쉽게 생각되는 부분이 있다면 어떤 게 있을까요?

동영 아빠   우리가 국회에 있을 때도 그렇고 많은데, 진짜 정치인들은 못 믿겠더라는 그것이지요. 우리가 국회에 가갖고 그 안에 회의실까지 다 들어갔거든요, 국회 특조위[국정조사] 할 때. 심재철 의원이 위원장이었고, 간사가 대구, 갑자기 그분 이름이 생각이 안 나네[조원진 의원]. 좀 뚱뚱해 가지고 대구, 누구지? 그분하고 둘이. 그분들이 어떤 일이 있었냐면, 그때 해경 청장 신문할 때였었어요. 하는데 몰래 따로 자기들 방으로 들어가 갖고 뭘 한 거를 누가 발견하고 우리한테 얘기를 해줬어요. 쳐들어갔지요. 그리고 원래 특위를, 제가 진도 있을 때 가서 [특위 위원들하고] 약속을 했거든요, 전부 다 가족 [중에 진도에] 있는 사람들[이 나서서], "진도에서 해라. 그래야 현장 왔다 갔다 하고 사실관계 같은 것도 더 아실 거 아니냐고". 근데 전혀 약속한 거와 달리 국회에서 했다 말이요. 그걸 떠나서 저는 그래요, 진정으로 국회의원들이 우리에 대해서 관심을 갖고 그렇게 했을 거 같으면 원래 비례대표나 초선의원 내면 안 되지요. [국정조사 특위에] 비례대표가 반 이상을 넘는데, 초선의원 몇 명…. 야, 그거 보니까 진짜 기가 막혀, 그런 것도 좀 아쉽고…. 진짜 더 싸울 때 행군도 많이 하고 했지마는 더 많이 못 알린 게, 그런 때 활동하면서 더 막 많이 알려서 계속 쭉 더 진행을 했어야 하는데 못 한 점이 좀 아쉽지요.

면담자   이제 더 많이 알리지 못한 게 아쉬우시다라 그랬지만 하시느라고 최선을 다해서 다니셨잖아요.

동영 아빠   진짜 안 간, 거의 우리나라는 대도시 군 단위까지 갔으니까.

면담자   아버님이 다니시던 과정에서 특별히 인상 깊은 어떤 지역이나 그런 일화가 생각나는 게 있으신가요? (동영 아빠 : 정신이 없어서) 그러시겠지요.

동영 아빠   완주 갔을 때 그랬나…, 서천? 그렇게 크게 뭣한 건 없어요. 그냥 어차피 알리기 위해서 돌아다니면서 서명받으러 다녔으니까.

면담자   요즘은 안산 지역의 간담회를 주력하신다고 들었는데요. 그거는 왜 그렇게 하셨나요?

동영 아빠   원래 실은 안산에서부터 했어야 되는데 우리가 서울에서부터 시작했잖아요, 국회고 광화문이고. 안산 시민들이 섭섭할 거 없어요, 안 그러면 자기들이 불러서 해야지. 그때는 우리가 정신없으니까, 막 돌아다니고 한참 서명받으러 다니고 그럴 바쁜 시기인데, 자기들한테 안 온다고 그렇게 섭섭하게 생각하면 안 돼요. 안산에서 일이, 학생들 이 일이 일어났는데 자기들이 먼저 발 벗고 나서서 이렇게, 이렇게 해줘야 되는데 전혀 그런 거 없어요. 지금은 안산 시민이 80만 거의 다 되거든요. 80만 다 되는데 우리가 정부합동분향소 방문객 수를 보면 80만도 안 돼요, 처음에 올림픽기념관 거기 임시분향소 했을 때하고 통계를 합쳐보면. 기가 막히지요. '역시 자기 일 아니면 관심이 없구나' [싶더라고요]. 그래[도] 지금은 오히려 서로 어떻게 공감대가 좀 형성돼서 각 단위별로 해갖고 또 그렇게 한다고 하더라고요.

면담자   안산부터.

동영 아빠   예. 저도 이제 시간 날 때마다, 나는 그래서 "간담회를 잡으려면, 토요일 날은 [직장이] 오전에 끝나니까, 오후부터 일요일까지는 시간이 있다"[고 말해두고 요청이] 있으면 가고 [했어요]. 요 앞전에 한번은 홍성을 갔다 왔는데 그분들이 농사도 짓고 이렇게 하시는 분들이더라고요. 저번 주 금요일 날 갔다 왔구나, [아니] 저번 주 목요일 날 갔구나. 목요일 날 갔다 왔는데 농사도 짓고 하는 그 사람들도 500일 넘게 한 자리에서 운동을 많이 하셨더라고요, 하고 계시더라고요.

면담자   세월호 관련해서요? (동영 아빠 : 예) 그분들하고 간담회 하고 오신 거예요? (동영 아빠 : 예) 간담회를 하면 간담회에 초청한 분들이 주로 무슨 얘기를 묻나요?

동영 아빠　"처음에 인제 사고 났을 때 어땠냐?" 뭐 그런 거, 언론 뭐 그런 얘기 물어보고, 또 "지금 뭐 어떻게 지내고 있느냐?" 대부분 그리고, "정부에 대해서 어떻게 생각하느냐?" 그런 거….

4
정부와 언론에 대한 불신

면담자　마침 말씀 나와서, 아버님께서는 정부에 대해서 참사 이전과 이후에 생각이 바뀌신 편인가요? 아니면 워낙에도 조금 부정적인 생각이 있으셨나요?

동영 아빠　많이 바뀌었지요. 솔직히 저도 그랬지요, "애 둘, 우리 열심히 벌어서 애들 가르치면 된다". 솔직히 그랬었지요. 그러다가 우리 일로 인해서 이게, 모든 게 이게 터져 나오니까 야, 이건 진짜 기도 안 차요. 워낙 이게 비리에 뭐에, 뭐 대통령은 대통령대로 참모들은 참모들대로 정부기관장들은 기관장대로….

면담자　이 일로 인해서 아버님께서는 이전에 가지셨던 사회와 정부를 대하는 자세가 많이 바뀌시겠네요?

동영 아빠　그렇지요, 바뀌어야지요.

면담자   예를 들어 뭐 어떤 게 바뀔까요?

동영 아빠   진짜 제가 조금 전에도 그런 말씀을 드렸지만 정치는 못 믿어요. 저도 정치를 한번 해보고 싶어요, 못 배웠지만. 정치를 한번 해보고 나서 대통령도 한번 해가지고 한번, 싸그리 한번 싹 갈아엎고 싶어요. 저는 이런 말을 많이 씁니다. 전에는 가끔씩 어쩌다 한 번씩 가뭄에 콩 나듯이 썼지마는 지금은 그 말을[이] 제 입에서 자주 나와요.

진짜 참 국가, 참 국민이 되려면 마음가짐을 어떻게 해야 되는가, 진정으로. 그래 이제 요즘 페이스북이나 밴드나 그런 거 보면서 서로 대화하고 이러고, 진짜 그래요. 지금 하는 행태로 봐서는, 정부에서 하는 행태를 봐서는 진짜 총으로 다 쏴 죽이고 싶어요(헛웃음). 말은 물론 한번 뱉어내면 주워 담기 힘들지만 그래도 어느 정도 대한민국의 '어버이'란 분이 말을 쉽게 뱉고 쉽게 또 뭣 하고 그런 것 보면…. 옛날이야 물론 강압적인 게 있었지요. 그러나 지금 민주화가 시작된 지도 벌써 한 30년이 됐잖아요. 그 민주화라는 말은 허당이고, 오히려 더 후퇴했다 그 말이요. 언론 통제하고 뭐 하고, 비리 더 생기고, 국민 세금 다 날리고…. 옛날에 모르는 사실이 한 개 더 나왔더라고요, 보니까. 그래서 더 성질나요.

면담자   어떤 거요?

동영 아빠   박정희가, 우리 월남 파병 갔다 온 거, 거기서 그 돈을 갖다가 자기가 챙겼다고 그러더라고요. 같이 있던 참모가 얘기하던가? 얘기는 그게 나왔어요. 어디서 그런 걸 캐는지는 모르겠어요. SNS 통해 보니까 그게 진실인지 아닌지, 반신반의인데, 또 그런 거 떠돌면 막 열불이 나요. 더군다나 또 일본 장교에다가 뭐 그런 거 혈서 썼네 어쩌네, 뭐 김무성이 아버지 또 옛날에 부역, 뭐 일본 앞잡이 해서 그거 했는데 ≪조선일보≫나 다른 데서 미화시켜 가지고 막…, 그런 거 보면 진짜 '김무성이 너도 틀렸다'. 그리고 이번에 사위 마약 사건[도 그렇고요].

면담자 　　　정치권이란 데가 그러니까 아버님께서 '내가 직접 해 보고 싶다' 이런 생각까지 들 정도로 한심하다는 거네요.

동영 아빠 　　　예. 진짜 그런 생각이 들어요.

면담자 　　　무슨 마음인지 알 거 같습니다. 아버님 지금 가족대책위에서 직함이 있으시지요?

동영 아빠 　　　지금은 없습니다.

면담자 　　　그럼 이전에 부위원장, (동영 아빠 : 예) 그건 언제부터 언제까지?

동영 아빠 　　　그러니까 9월부터 12월 31일까지 했을 거예요.

면담자 　　　작년에요?

동영 아빠 　　　작년 9월부터요.

면담자 　　　그러니까 진도분과 부위원장을 한 반년 하신거네요.

동영 아빠 　　　예. 그거 인제 진도분과 분과장을 하다가 수색 중단

한 이후로 인양 쪽으로 갔었지요.

면담자   그러면 지금은 가족대책위에서 직함은 없으시고.
(동영 아빠 : 예) 가족대책위는 장기적으로 봤을 때 어떤 모습으로
발전돼야 된다고 보시나요?

동영 아빠   솔직히 얘기해서 진짜, 진짜 이 사회나 우리 가족들
에 대해서 떳떳하고, 첫째 떳떳하고, 진짜 똘똘 뭉쳐가지고 발전할
수 있는, 사회에다 공헌할 수 있는 그런 일을 했으면 좋겠어요. 그
래서 우리가 지금 비영리 사단법인을 만들려고 하는데 안 내주잖
아요.

면담자   안 내줘요?

동영 아빠   예, 안산에서 반대했어요. 시장은 "내주라" 하는데
그 밑의 놈들이 "안 된다"고 하는 거예요. 왜 그러냐면 [사단법인명
에] 안전사회 건설을 위한 뭐 어쩌고 그런 문구가 들어간단 말이에
요. 그러니까 "우리는 이거 처음이다. 모르겠다" 해서 이쪽으로 보
냈다가 또 저쪽으로 보냈다가, 그래 서울시를 갔는데 서울시장이
"해준다"고 그랬어요. [그래서 서울시로 서류가] 갔는데 뭐가 또 안 맞
대요. "안 그러면 조문을 바꿔서라도 그렇게 하면 될 거 아니냐" [해
서 뭐가 수정 중이라고 들었어요]. 아직 그게 덜 됐는가 보더라고. 서
울시장이 "해준다" 그러거든.

면담자   사단법인을 만들려고 지금 추진 중이시군요.

동영 아빠   예. 그거는 진작부터 그렇게 했는데 그것도 뜻대로

잘 안되는가….

면담자   그렇게 사단법인화하면 장기적으로 체계를 갖춰서
가시려고 하는 거지요?

동영 아빠   예, 그렇지요. 쉽게 말하면 뭐 요즘 행사 같은 데 가
서도 우리가 발언도 할 수 있고, "우리는 이런 사람이다. 이런 일을
하고 있고 이렇게 하고 있다"[라고 발언해서] 그런 걸 알리고 우리 참
사를 계속 잊지 않게 만드는 것이지요. 그래야 자꾸 얘기함으로써
시간이 지나도 안 잊을 거 [아니에요]. '아, 그때 그들 엄마, 아빠구
나' 그러면 또 기억이 또 날 거 아니에요. 그런 식으로 해서, 그래야
더, 뭐 다른 시민 단체나 그런 분들도 가족 있고 국민[들도] 다 가족
있으니까 가족적으로 더 돈독해질 수도 있고, 크게는 사회적, 국가
적으로도 또 안전하고 이렇게 조금 더 풍요로운 그런 삶을 영위할
수 있지 않을까 [하고 생각하는 거지요].

면담자   겪고 계신 고통을 사회와 함께 나누는 것도 참 의미
있다고 생각을 하고요. 우리 사회가 그 참사에서 교훈을 얻으려면
진상이 잘 밝혀져야지 "다시는 그러지 말자", 이게 될 텐데, 진상을
제대로 규명하려면 사회적으로 어떤 노력들이 필요할까요?

동영 아빠   첫째는 언론이 진짜 좀 나서줬으면 좋겠어요. 언론
만 나서준다면 금방 밝힐 수 있을 거 같아요. 언론을 통제하고 있
기 때문에…, 저는 그렇게 생각합니다. 제 생각인지는 몰라도 언론
이 진짜 나서서 이런 사건 재조명하고, 또 해서 그날 처음 7시 몇

분부터, 처음 출항할, 출항하기 전부터니까 한국선급이니 청해진 해운 그쪽에서부터 언론이 조명을 해주면 금방 밝혀질 거 같아요. 그러면 그에 따른 구속되는 사람도 있고, 조사받아서 구속되는 사람들도 있고, 뭐 재산을 환수하는 그런 것도 있을 것이고…. 그 돈은 어차피 국가로 환수돼서 또 복지에 쓰거나 안전에 쓸 거 아닙니까? 저는 그렇게 생각합니다. 우리나라 언론이 잘해야 됩니다, 진짜. 통제를 하더라도 막 [진실을 보도]해야 된다고 [생각해요]. 솔직히 언론이 떠벌리면 대통령도 맘대로 못 하거든요. 꼼짝 못 해요. 아무리 뭐 국정원 세다고 그래도 아무것도 없습니다. 언론은 계속 떠들고, 우리나라 언론사가 벌써, SNS도 많지마는 종방[종편]이 지금 몇 개입니까? 수십 개 되는데 하루에 10분씩만 떠들어대도 각 방송사별로, 그러면 금방 밝혀지지요.

면담자   언론에 대해 기대도 크시고 또 실망도 크신 것 같다고 느껴지는데 맞나요?

동영 아빠   예, 맞습니다. 처음부터 기자들 와갖고도, 진도에 왔을 때도 맨 우리 안 좋은 것만 찍었어요. 안 좋은 것만 찍어 보내주고, 정부 이로운 쪽으로 [보도를 했어요]. 그래 이제 못 믿는 거예요, 걔네들은. 그래서 비싼 카메라들 엄청 부쉈어요, 진도에서도 체육관에서도 그리고 팽목항에서도 그리고.

면담자   "이렇게 하려면 하지 마라"고 막.

동영 아빠   예. 그나마 다행인 게 JTBC에서 좀 방송을 해줬지

동영 아빠 김재만

요. JTBC 손석희 사장, 그 사람 같이 얘기도 하고 저도 하고 했는데, 그때는 같이 얘기했는데 저만 잘리고 가족들만 나오고 [했지요].

면담자　　방송에 나가지 않는데도 와서 대화를 좀 하고 그랬나요, 손석희 사장이?

동영 아빠　　그렇게까지는 안 하고 이제 방송 내보내려고 와서 했는데 거기 이제 김관 기자라고 내 그 이름을 안 잊어먹는데, 그 양반하고 기자하고 많이 만나서 얘기하고…. 두 번인가 얘기했을 거예요, 손 사장하고.

면담자　　그럼 아버님 보시기에는 JTBC 정도가 그래도 조금.

동영 아빠　　예, 제일.

면담자　　제일 낫다고 보시는 거군요. (동영 아빠 : 예) 그거는 뭐 아버님 경험에서 하시는 말씀이니까.

동영 아빠　　그렇지요. 다른 방송국은 아예 방송을 안 했으니까요, 엉뚱한 방송만 하고. 그래도 제대로 비춰준 게 JTBC지요. 그게 ≪중앙일보≫인데, 삼성 그 ≪중앙일보≫ 소속일 건데 그렇게 한 거 보면 좀 의아하기도 하고. 그런데 손석희 사장님이 좀 (주먹을 쥐며) 이게 좀 또 유명하고, 강단이 있어서 그랬는지 몰라도 잘해주셔서 감사한 일이지요.

면담자　　특별법이 만들어지고 특별조사위가 활동을 시작하긴 한 거 같더라고요. (동영 아빠 : 예, 인제 시작했지요) 그 특조위에 바라는 게 있으신지요?

동영 아빠   특조위에 진짜 많지요. 특별법이 만들어지고 특조위가 생겨서 그분들 우리가 추천하고 야당에서 추천하고 또 대법원장도 추천하셨지만 진짜 한마음으로 한뜻으로 여야를 가리지 말고 정부 관계자들도 같이 힘을 합쳐서 진짜 다시는 우리 이후, 우리뿐만이 아니라 이 이후에 더 큰 참사가 일어나지 않도록 모든 거를 철저하게 밝혀주시고, 또 최선을 다해서 진실 규명을 해줬으면, 감사하게 생각하지요.

면담자   정부에 대한 불신도 있지만 기왕 각계의 뜻을 모아서 만든 조사위원회니까 제대로 해달라. (동영 아빠 : 예) 예, 완전히 불신하고 계시지는 않으시군요?

동영 아빠   그럼요. 불신하면 안 되지요, 그거는.

면담자   제대로 한다면 가족분들이 도움도 드리겠지요?

동영 아빠   그렇지요. 그래서 이번에 개시한다고 해서 우리가 인제 조사 신청을 받아요. 우리가 "이거 조사해 달라" [하고] 조사 신청[한 것이] 엄청 많지요. 한두 개가 아니에요. 수천 개가 되는데 그거를 인제 하나하나씩 해서 이렇게, 물론 중복되는 건 거기서 추려서 또 하시겠지만 그렇게 하기로 했고. 너무 늦었어요, 조사도. 내년, 진짜 선체가 완전하게 인양돼 가지고 그 이후로 6개월 이상 넉넉잡고 1년은 해야, 그 조사를 해야지요. 지금 배 밑에서 무슨 짓을 하고 있는지 모르니까 그것도 안타깝고.

면담자   지금 인양 문제는 어떻게 돼가고 있나요?

동영 아빠   지금 중국 샐비지에서 하고 있지요, 상하이샐비지. 하고 있는데 지금 대충 그 뭐야, 갑자기 그게 생각이 안 나네, 밖으로 떠다니는 것 보고 뭐라 그러지요? 배 안에서 나와가지고….

면담자   갑판이요?

동영 아빠   아니, 아니. 배 안에서 빠져나와 가지고 물속으로 막 떠다니는…, 유실 방지 인제 그거를 한다 그러는데.

면담자   배에서 뭐가 부서지거나 이렇게 분리가 돼갖고.

동영 아빠   예. 유실 방지한다고 망을 막 갖다 인제 치고 있는데, 그리고 또 D데크, C데크 쪽으로 들어가려고 구멍을 또 하나 크게 뚫었더라고요. 그 안에 들어가서 중국, 한국 정부하고 그 사람들하고 어떻게 계약을, 어떤 식으로 계약을 어떻게 했는지는 모르겠는데, 무슨 밀약이 있었는지도 모르고, 무슨 짓을 할지는 몰라요, 지금. 그래서 우리가 동거차도에 가서 멀리 카메라로 쳐다보고 있지요.

면담자   어디 가서요?

동영 아빠   동거차도. 그 앞에가 바로 보여요 사고 현장이.

면담자   거기 누가 가 계세요?

동영 아빠   우리 가족들이 가 있지요.

면담자   당번으로 번갈아. (동영 아빠 : 예) 그럼 이렇게 뭐 촬영도 하고요?

동영 아빠   그렇지요. 촬영을 하고 하는데, 처음에는 작업하는 게 보였었어요. [그런데] 애네들이 우리가 감시하는 줄 알고 배를 돌려버린 거라, 뒤로. 그니까 뒤쪽만 보여요. 그니까 걔네들도 우리 쪽을 바라보고 있고.

면담자   부모님들이 그렇게까지 하시는군요.

동영 아빠   해야지요.

면담자   대략 기간은 얼마나 걸릴 것 같은가요?

동영 아빠   처음에 중국 상하이샐비지 하는 말이 "내년 7월이면 올릴 수 있겠다". 짧게 잡은 거거든요.

면담자   내년이요?

동영 아빠   예, 내년 7월이면…. 근데 솔직히 짧은 것도 아니지요. 국내 업체에서 하면 더 빨리 할 수도 있어요. 저희들이 다 조사를 해봤거든요. 그랬는데 진짜 정부에서 뭘 숨기려 그러는지 몰라도 외국 업체하고…. 그런데 정부에서도 그런 거 같아요. 제 생각인지는 모르지마는 한국 업체에서 인양을 했을 때는, 하게 되면 나중에 "배가 모양이 어떻고 뭐가 어쨌다" 이런 말이 나올 거 아닙니까. 자기들이 덮으려는 증거가 나올 거란 말이지요, 정부에서 덮으려는 증거가. 그래서 아마 안 하지 않았을까. 그리고 얼토당토않게 책임 전가를 많이 시키는, 우리나라 인양업체들한테…. 그래서 일부러 탈락하게 만들었지요.

면담자   아버님께서는 민간 잠수사분들을 직접 대하지는 않으셨나요?

동영 아빠   봤지요.

면담자   이렇게 대화를 나누거나 그러시기도 하셨고요?

동영 아빠   예. 그런데 사고 현장 바지선에서는 절대 말 안 해요. 말을 못 하게 해버린 거지요. 혹시 잠수사들이 저희들한테 말실수라도 해서 이게 뭐 비밀인데 퍼져나갈까 봐 말을 안 시키는 거지요. 그리고 회의할 때만 팀장이나 걔네들 와서 "상태 어떠냐" 하고 뭐 그런 거나 얘기하지.

면담자   개별적으로는 말 안 하고요?

동영 아빠   예, 말 안 해요. 우리가 가면 피해버려요.

면담자   최근에 왜 민간 잠수사 한 분 돌아가신 거에 대해서 잠수사 팀장한테 책임을 지우는 선고가 있었잖습니까.

동영 아빠   원래 해경이 잘못한 거를 갖다가 그리 뒤집어쓴 거지요. 왜 해경에서 다 통제, 지휘 통제를 하고 다 했는데 왜 그 팀장한테 죄를 덧씌워 주고 이렇게 만드냐고. 지금 그것 때문에도 난리예요. 그러니까 우리나라가, 그러니까 자기들은 빠져나갈 거 다 빠져나가고 엉뚱한 [사람 죄인으로 몰고]. 옛날에 그래서 저희 어릴 때부터 사건들 있잖아요, 뭐 인혁당 사건이라든가 뭐 몇십 년 만에 이게 무죄가 되고. 이게 그런 식이라 지금.

면담자　　아버님께서 법정에 증인으로 출석하신 적도 있나요?

동영 아빠　　가보긴 했어도 증인으로는 출석을 안 해봤어요.

면담자　　광주법원 가셨었나요? (동영 아빠 : 예) 그때 상황을 조금 말씀해 주시겠어요?

동영 아빠　　광주법원에서는 그랬지요. 선원들, 승무원들 인제 쪽 변호사들 얘기를 하면 참 기가 막혀요. 그런데 얼핏 또 옆에서 듣는 얘기로는 그 변호사들도 안 맡으려고 많이 노력했대요. 그런데 어쩔 수 없이 강제적으로 맡게 된 거예요, 그게 있어야 재판이 이루어지니까. 근데 검사들도 조사한 것도 그렇고…. 인천에 있는 오하마나호 거기도 갔다 오고 다 갔다 왔어요, 그분들이. 갔다 왔는데 수박 겉핥기식이지요. 뭐 안전장치가 뭐 어떻고 그런 거 뭐 미비되고, 그리고 고박 같은 거 안 돼 있고 맨 그런 거예요, 다 사실 나와 있는 거. 이제 하려면 철저히 해가지고 이걸 좀 어떻게든지 밝힐 생각을 해야 되는데 그게 아니더라고요, 보니까. 그런 것들도 진짜 많아요. '아직도 우리나라는 사법부나 이런 데는 정치 눈치를 많이 보고 있구나'[싶더라고요]. 삼권분립 됐다 하지만 전혀 그런 게 안 되는 것 같아요. 다 거기서, 이 정권이 들어서면 이쪽에 붙어서 살려 그러고, 간신배들처럼. 진짜 자기 진정한, 자기 소신을 갖고 그런 분들이 없는 거 같아요.

동영 아빠 김제만

면담자   예, 알겠습니다. 인제 대략 좀 여쭤보려고 했던 거는 여쭤본 거 같고요. 언론보도에 나온 것 중에 하나 궁금한 게 있어서…. 동영이의 사촌인가 육촌이라 그러면서….

동영 아빠   아, 사촌. 제 조카지요, 그러니까.

면담자   예. 어디 집회에서 "정치적으로 악용하지 마라" 이런.

동영 아빠   그때 시초가 인제 그거지요. 실은 내가 그 당시에는 막 격하게 행동하고 그랬으니까 나를 호신하려고 온 거였어요, 진도에.

면담자   그 조카가요?

동영 아빠   예. 그때 [전] MBC 기자, [고발뉴스의] 이상호 기자지요? 그때 다이빙 벨 얘기가 나왔어요. 애가 젊으니까 이런 것 저런 것 다 뒤져볼 거 아니에요, 다이빙 벨부터. 그런데 갑자기 누가 "어디 누구 프락치 아니냐?" 그래 가지고 이게 터진 거예요.

면담자   그 조카를 프락치로 오해를 했군요.

동영 아빠   예. "이 새끼야" 나는 그랬지요. "내 조카 맞아. 애 김동영이 사촌 형이야" 그러니까 또 언론에 나와가지고 한참 후에 또 행사 있어서 조카가 ≪대한일보≫인가 어디 뭐 ≪동아일보≫인가 그 앞에서 한번 또 마이크 잡고 한 적이 있었지요. 그랬지요.

면담자   그 조카는 그러니까 좀 서운한 게 있었나 보지요?

동영 아빠   서운한 게 아니고 그냥 자기도, 지 동생이지만 삼촌

위한다고 가서 했는데 이거를 말을 거꾸로 부풀려 가지고 "파란 잠바 뭐 누구" 해가지고 그냥 완전히 SNS에, 그 자리에서 확 퍼져버린 거예요, 이게 프락치 뭐가 어쩌니 해가지고. 정치적인 뭐가 아니라 그렇게 된 거였어요.

면담자   그게 특별히 정치적인 어떤 발언이 아닌데….

동영 아빠   예, 그런 거 없었지요. 근데 사람들이….

면담자   악용당한 거였네요.

동영 아빠   악용, 예. 그렇게 한 거지요. 일부러 그렇게 만드는 거예요.

면담자   가족들 분열시키고 뭐 인제. (동영 아빠 : 예) 그렇게 판단하시는 거군요.

동영 아빠   그때 해수부 장관하고 해경 청장하고 인제 그것 때문에 한참 논의를 하고 있었어요, 서로 티격태격하며 막. 그때 그 자리, 새벽, 날 새도록 같이 얘기했었어요. 해수부 장관, 해경 청장, 또 한 사람이 누구야, 차장인가? 해경. 얘기했어요, 그때(한숨).

면담자   그런 일이 있군요. 아버님, 인제 제가 종합적으로 마무리 질문 하나 여쭙겠습니다. 뭐 그럴 거를이 있으셨나 모르겠지만 앞으로 사시는 방향, '어떻게 좀 살아봐야지' 하는 생각을 조금 하시는지요?

동영 아빠   아직까지 그런 생각을 못 해봤지요. 제가 지금 미화원 일을 하고 있지만 어차피 60이면 퇴직할 거고. 그 이후의 삶은 아직까지 생각을 하지 못했습니다. 그래도 동영이 동생 ○○이가 있으니까 걔 하나라도 잘 키워가지고. 네 식구에서 세 식구로 줄었지만 단란하게 살아야지요, 소박하게 큰 욕심 없이. 저는 모르겠습니다. 제가 그런 큰 욕심이 없어서 그런지는 몰라도 '진짜 열심히 일해갖고 그냥 하면 된다', 그러니까 남한테 빚 안 지고 욕 안 먹고 살면 되는 거지요. 뭐가 더 필요하나? 그렇게 소박하게 살아왔었지요. 이제는 그런 생각도, 아직까지는 해보지는 못했지요.

면담자 가족대책위가 사단법인화되면 거기서 뭔가라도 계속 활동을 하시겠지요, 아버님도?

동영 아빠 아니요. 저는 그런 거는 욕심 없어요. 〈비공개〉 외부에서 인사를 좀 불러들이고 또 가족도 몇 분하고 이렇게 감사도 선임하고 해서 그렇게 하고 있는 거예요. 그래야 돼요. 가족들만 있으면 또 뭐 좀 틀어지면 그때부터 시간이 또 흐르고 뭐 어쩌고저쩌고 또 싸울 거 아니에요.

면담자 그럼 아버님은 인제 구성원의 일원으로 참여야 하지만 자리 같은 거는 생각 안 하신다는. (동영 아빠 : 예) 그렇군요. 자꾸 지금 잊혀져 가고 있는 것, 그리고 진상 규명이 안 되고 있는 것, 이것에 대한 안타까움을 이제 계속 말씀해 주셨는데요. 다시 한번 강조해 주셔도 좋겠고요. 우리 사회의 이런 저희들 같은 일반 사람들에게 꼭 이 기회에 남기고 싶은 말씀을 마지막으로 여쭙겠습니다.

동영 아빠   저도 우리가 참 큰 참사를 겪고 나니까 삶도 달라졌고 가족에 대한 애정도 깊어졌지만 우리 국민들이 진짜 일 제쳐놓고 와서 자원봉사 해주면 진짜 너무나 감사하게 생각하고, 나머지 분들도 작은 뭐 풀뿌리 시민 단체 분들도 감사드리고, 더 이상은 우리가 이런, 우리 참사 이후로 더 이상 일어나면 안 된다는 생각으로 모든 분들이 진짜 안전의식을 갖고 살았으면 좋겠어요. 정치권도 상당히 바뀌어야 될 거고, 모든 게 다 그렇습니다. 이제 더 이상 큰 재난 없이 우리 국민 모두가 진짜 말 그대로 행복한 삶을 살 수 있도록 정치권이고 대통령이고 좀 만들어줬으면 좋겠어요.

5
마무리

면담자   이제 나중에 아버님 말씀을 여러 사람들이 들으면서 아버님이 바라는 사회 되도록 노력해야겠지요. 고맙습니다. 언제라도 더 말씀해 주실 게 있으면 저희들 불러주시면 또 기록으로 남기겠습니다.

동영 아빠   예, 알겠습니다.

면담자   감사합니다.

동영 아빠   예, 고생하셨습니다.

동영 아빠 김재만

4·16구술증언록 단원고 2학년 6반 제1권

그날을 말하다 동영 아빠 김재만

ⓒ 4·16기억저장소, 2020

기획 편집 4·16기억저장소 ㅣ **지원 협조** (사)4·16세월호참사가족협의회
펴낸이 김종수 ㅣ **펴낸곳** 한울엠플러스(주)
초판 1쇄 인쇄 2020년 4월 1일 ㅣ **초판 1쇄 발행** 2020년 4월 16일
주소 10881 경기도 파주시 광인사길 153 한울시소빌딩 3층
전화 031-955-0655 ㅣ **팩스** 031-955-0656 ㅣ **홈페이지** www.hanulmplus.kr
등록번호 제406-2015-000143호

Printed in Korea.
ISBN 978-89-460-6755-4 04300
        978-89-460-6801-8 (세트)
* 책값은 겉표지에 표시되어 있습니다.